JN071090

初心者からプロまで一生使える

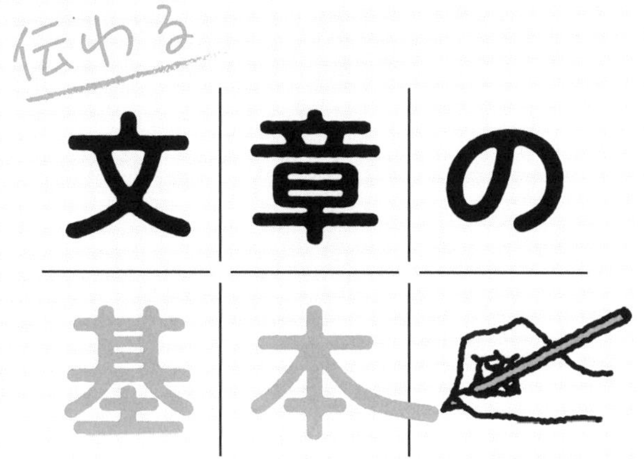

高橋 廣敏

SOGO HOREI PUBLISHING CO., LTD

はじめに

私は普段、予備校で小論文や現代文の講義をしています。

答案を添削していると、不自然な日本語に出会うことがあります。本人は注意しているつもりでも、主語と述語が対応していなかったり、助詞の使い方が不適切だったりするのです。

あるいは、大学生や社会人からも「文章の書き方に自信を持てない」という声をよく聞きます。

特に、入社して間もない新入社員の場合、ビジネスメールや報告書、プレゼン用の資料、企画提案書などを作成する際に、書き方がわからなかったり、書いた文章を上司や先輩に注意されたりして、途方に暮れることもあるのではないでしょうか？

文章を書くことは、難しいことではありません。ただし、そこには一定のルールがあります。そのルールを身につければ、誰にでも相手に伝わる正しい文章を書くことができるのです。

この本では、相手に伝わる正しい文章を書くための93のルールを、7つの章に分けて説明しています。1日1章を読み、内容を理解することによって、7日間で93のルールが身

につくようになっています。

　また、文章の書き方で迷ったときのために、この本をデスクに忍ばせておくのもおすすめです。文章の書き方を誰かに質問するのが恥ずかしいようなとき、この本を開けば、悩みは解決します。

「文は人なり」という言葉があります。文章には、それを書いた人間の人間性が出るという意味です。

　文法や語法に誤りがあったり、表現が稚拙だったりした場合、それだけで周囲からの評価が低くなります。反対に、正しくしっかりとした文章を書いた場合、文章によって周囲からの評価が高くなるのです。

　大切なのは、読み手の立場に立って内容をわかりやすく伝えることです。相手の気持ちを考慮しつつ書いた文章には、書き手の誠実さが表れます。文章を書くことは、自分の人間性を相手に伝えるチャンスなのです。

　この本を手元におき、文章のルールを確認することによって、自信を持って文章を書いてください。

　相手に伝わる正しい文章の書き方を身につけることは、あなた自身の人間的な成長にもつながるはずです。

高橋廣敏

content

DAY. 03 第3日目

"読まれる文章"にする差がつくポイント

DAY. 04 第4日目

"印象を自由に操る"カンタンな方法

DAY. 05 第5日目 “心に響く文章”は、こう書く

DAY. 06 第6日目 “相手を上手に説得する”文章テクニック

DAY.
01

第１日目

文章をいきなり書いてはいけない

DAY.01

1

準備

文章を書く目的をはっきりと意識する

1 書く目的によってスタイルは変わる

文章には、ビジネスにおける企画書、報告書、小論文、レポート、フェイスブック、ブログ、ツイッター、メール、手紙など、様々な種類があります。また、読み手は複数なのか一人なのか、公にするのかプライベートなのかという違いもあります。

大切なのは、形式や目的に合わせて文章を書くことです。

仕事上の文章の場合、自分の感情より事実を正確に伝えることが求められます。一方、手紙やメールの場合、事実だけでなく自分の思いを伝えることも必要です。

「文章を書く場合、客観的に述べなければいけないのですか」という質問を受けることがありますが、完全に客観的な文章は存在しません。かといって、すべてを主観で書くわけでもありません。事実だけを客観的に書いた文章は、冷たい印象を相手に与えますし、主観的な思いばかりを連ねた文章は、感情的な印象を相手に与えます。

つまり、客観と主観のバランスが重要になります。

- **客観的な事実 ＞ 主観的な思い**（企画書・報告書・小論文・レポート）
- **客観的な事実 ＜ 主観的な思い**（ブログ・ツイッター・メール・手紙）

2 読み手への意識が大切

読み手が、会社の上司や学校の先生など、目上の人の場合もあれば、同僚や友人など対等な相手の場合もあるでしょう。年下の相手に対して文章を書く場合もあるかもしれません。いずれにしても、相手との距離感によって、文章のスタイルは変化するはずです。

読み手を意識しないで文章を書いてしまうと、その文章は独りよがりなものになる危険性があります。反対に、読み手を意識すれば、文章はわかりやすいものになります。

相手を思いやることが大切なのは、普段の生活の中でも文章を書く場面でも同じです。日常生活の中で互いの配慮が欠けるとトラブルにつながることがあります。文章は直接相手が見えないだけに、知らないところで相手が不快に思ったり、傷ついたりということが起きかねません。文章を書く場合には、普段の生活以上の気配りが必要になるのです。

POINT

読み手を意識することが、わかりやすい文章への近道

DAY.01

2

準備

映像を思い浮かべて言葉にしてみる

1 まず映像を思い浮かべてみる

「何も書くことが浮かびません」と相談されることがあります。文章が苦手な人にありがちな傾向です。私はそのようなときは「映像を思い浮かべて下さい」とアドバイスしています。

この本を読んでいるみなさんのほとんどは、映像世代だと思います。抽象的な概念をもとに考えるよりも、具体的な映像イメージを思い浮かべることを得意とする人が多いのではないでしょうか。

たとえば、都会の夏の朝の通勤風景を頭に思い浮かべてみましょう。

朝から気温が30度近くまで上昇する中、職場へ急ぐ人々、うつむき加減で歩く会社員、交差点で立ち止まる老人、濁った空気、クラクションの音、タクシーを呼びとめる人……。

一例を挙げましたが、別に夏の都会でなくてもかまいません。冬の高原でも、秋の温泉でも、春の桜でも、自分の印象に残っている風景を、映像として思い浮かべてみましょう。

次にイメージした映像を言葉に置き換えてみましょう。視覚的な映像だけでなく、耳で聞いた音、その場の匂いなど、五感で感じたことを言葉にしてみるのがポイントです。

2 言葉にした映像から自分の伝えたいことを考える

映像を言葉にしたら、それをきっかけに、自分の考えを述べる方法があります。

たとえば、夏の都会の朝の風景から、現代人のストレスや競争社会について考えるのもその一つです。この方法は、映像の言語化の部分が客観的な事実、そこから分析して感想を述べる部分が主観的な思いになります。映像を思い浮かべ、その意味を考えることで、結果的に客観と主観のバランスも取れるわけです。

3 映像を読み手が共有すると、主張が伝わりやすい

読み手は具体的な映像が目に浮かぶことによって、文章に共感できます。映像イメージがある方が、文章の内容に入っていきやすいし、理解しやすいのです。また、五感で感じたことを言葉にした方が良いのは、読み手の共感をさらに強めることができるからです。

たとえば、京都の思い出は、焚きしめられた香の香りとともにあったり、東南アジアの都市の思い出は、レモンバームの香りとともにあったりするのではないでしょうか。

まず映像を思い浮かべ、次にその映像を言葉にし、言葉にした映像の意味をさらに言葉にする方法は、自然であると同時に、読み手にとってもわかりやすい方法なのです。

POINT

映像を思い浮かべ、五感を刺激する要素を入れる

DAY.01

3

準備

考える習慣を持ち、書くための準備をする

1 いきなり書くのは難しい

自分の意見を求められるような文章を書かなければならないとき、肝心の意見がなかなか出てこない経験はありませんか。

たとえば、環境問題、グローバリゼーション、デモクラシー、未婚化、晩婚化、少子高齢化などのテーマに関して意見を求められても、すぐに自分の意見を述べられる人は、あまりいないのではないでしょうか。

2 情報を遮断する

そこで大切なのは、普段の生活の中で、考える習慣を持つことです。通勤や通学の電車の中、あるいは、入浴時間など、10分でも構いません。毎日、何かについて自分なりに考えてみましょう。これが、自分の意見を持つことにつながります。

電車の中でスマートフォンを操作している人を多く見かけますが、端末から情報を漫然と入手するとき、人は受動的な状態になっています。物事の意味を考えるときには、それらの情報を一度遮断しましょう。これが能動的に思考することにつながります。

3 沈思黙考→自問自答

「沈思黙考」という言葉があります。黙って深くじっくりと考えるという意味です。

現代人は、毎日が忙しくて沈思黙考する時間がありません。それでは、あふれる情報に対して受動的なまま、ただ情報を消費するだけの存在になってしまいます。人生についてでも、恋愛についてでも、世の中で問題になって

いる様々なテーマに関してでもかまいません。自問自答する時間を作ることが、受動的な自分を能動的な自分へと変化させるのです。

テレビ・PC・スマートフォン	情報の遮断
●情報に対して受動的になる ●情報を消費するだけで終わる	●情報に対して能動的になる ●情報の意味を考えることができる

4 自分と向き合う

文章を書く行為は、自分という存在と徹底的に向き合うことになります。意見が何も出てこない自分を、様々なテーマに関して意見を述べられるように変えるためには、普段からあえて情報を遮断し、自分なりに自問自答する時間を作る必要があります。

POINT

情報を遮断し思考することが、意見の構築につながる

DAY.01

4

準備

情報と知識の違いを理解する

① 情報と知識の違い

現代社会は、様々な情報があふれています。しかし、それと対照的に私たちの知識量が減っているのではないかと、私は思います。

情報とは新しいことに価値があり、古くなると価値を失うものです。一方、知識とは古びても価値を失わないものです。

情報も自分の中に吸収すれば知識として活用できる考え方もあると思います。

ところが、多くの人の間では、情報と知識の意味が混同されています。情報と知識の違いを理解することが、現代の私たちには大切なのではないでしょうか。

たとえば、交通情報は30分も経てば、その情報の価値が失われてしまいます。一方、交通渋滞が発生する仕組みは複雑で、車の流れを把握するには「流体力学」の知識が必要なのだそうです。この場合、流体力学の知識は、何年経っても価値を失うことはありません。

情報	知識
●新しいことに価値がある ●時間が経過すると価値がなくなる ●蓄積に意味はない	●新しさは価値とは無関係 ●時間が経過しても価値がある ●蓄積に意味がある

2 知識は情報を判断する根拠になる

様々な商品情報があふれる現代社会。消費者は、それらの情報の中から自分の好みに合う商品を選択します。

しかし、実は主体的に選択しているように見えて、その主体性すら、「選択する権利」という形で与えられているとも言えます。

その状態から一歩身を引いて、自分の姿を眺めてみると、資本主義の世の中で、実際に必要ないものまで買わされてしまっていることに気づくのではないでしょうか。このような場合も、資本主義に関する知識があれば、情報化社会に生きる自分を、俯瞰的に眺め、冷静に考えることができるのです。

3 知識を身につけることの重要性

情報化が進むほど情報を判断する知識が重要になります。情報を判断する根拠は、情報ではなく知識にあります。

では、知識はどこから手に入れるのか。私は本から得るのが良いと思っています。文庫や新書の中から、興味のあるテーマの本を探し、自分なりの知識を蓄積しておくことは、情報を判断して、自分の意見を述べるために必要です。

POINT

本を読んで、価値を失わない知識を蓄積する

DAY.01
5
準備

文章を書く前に構成メモを作る

1 設計図を作る

文章を書く上で大切なのは、事前に文章を構成するためのメモを作っておくことです。この作業は、家を建築する前に設計図を作ることに似ています。設計図なしで家を建てることが無謀であるように、構成メモなしで文章を書くことも無茶なことです。

2 材料を集める

たとえば「電子書籍が普及する現実を踏まえた上で、書籍の未来像について論じなさい」という課題をケーススタディとして考えてみましょう。

現在急速に普及している電子書籍は「便利」です。しかし、それだけでは意見になりません。電子書籍のプラス面だけではなく、マイナス面を考えるのも大切です。では、電子書籍のマイナス面とは何でしょうか。電子書籍と対比される紙の書籍のことを考えてみれば、それがヒントになります。

紙の書籍は、重くかさばり劣化するため、電子書籍に比べたら不便かもしれませんが、物質として質量があるために、手に取ることができ、愛着を覚えやすいと言えます。それに対して、電子書籍は質量がなく劣化しないものの、手に取ることができないため、愛着を覚えにくいのではないでしょうか。

③ 材料を絞り込む

材料を集めたら、今度は、それらを絞り込むことが必要です。構成メモに必要なのは、次の３点です。

❶ 自分の言いたいこと
❷ その理由
❸ 具体例

「書籍の未来について」というテーマだったら、構成メモは、たとえば次のようになります。

① 電子書籍が普及しても、紙の書籍の需要は残る
② 電子書籍には、紙の書籍に感じるような愛着を覚えない
③ 子どもの頃から大人になっても何度も読み返している本

ここでのポイントは言いたいことも、理由も具体例も１つに絞ることです。構成メモの中身は、木で言えば幹、家ならば柱になります。なかでも言いたいことは大黒柱です。

このように設計図が決まったら、後は思い切って書いてみましょう。

POINT

言いたいこと、理由、具体例は１つに絞る

DAY.01
6
準備

資料を活用する

① 資料があると、文章の信頼性が高まる

あるテーマに関して文章を書こうとする場合、何の資料もないと、漠然とした印象に頼ることになってしまいます。データがあれば、現実に即して文章を書くことができます。

たとえば「未婚化・晩婚化」というテーマについて文章を書こうとする場合、次のような資料があれば有効に活用できるはずです。

・男女別、年齢別の未婚率の推移
・男女別、年齢別の結婚しない理由
・男女別、年齢別の結婚できない理由
・結婚意志を持つ未婚者、持たない未婚者の割合の推移
・結婚意志を持つ男女の結婚に対する考え方

資料があれば、正確なデータに基づいて問題を考えていくことができます。「未婚化・晩婚化」が進んだ原因は、当事者の意思によるのか、経済的な問題なのか、社会的な人間関係の希薄化が関係しているのか、他に原因はあるのかなどと、具体的に考えることができるのです。

また、このまま「未婚化・晩婚化」が進んだ場合、少子化・高齢化に歯止めがかからないのではないか、それを防ぐ方法はあるのかなどと、考えを深めることもできます。資料は、図書館やインターネットで閲覧できます。

2 資料は、あくまで思考のためのツール

資料を利用して文章を書くときに、注意しなければならないのは、単なる資料の解説に留まってはならないことです。「未婚率が増加している」などとデータを見ればわかることをそのまま述べるだけではいけません。大切なのは、そこから自分なりに問題を発見し、問題に対する自分の意見を述べることです。

3 コピー＆ペーストはしない

特にインターネットで資料を検索した場合、その文章を、そのままコピーして貼り付けてしまう行為はしないようにしましょう。

一般的に「コピー＆ペースト（コピペ)」と呼ばれていますが、その行為をした場合、実際に自分の言葉で文章を書いて文章力をつける貴重なチャンスを自ら逃すことになってしまいます。

思考の順序

1. テーマに関連する資料を入手する
2. 資料を読み解き、問題点を発見する
3. 解決策など自分の意見を述べる

POINT

資料から問題を発見し、自分の意見を述べる

DAY.01

7

構成

基本は三段構成

1 様々な文章構成法

文章の型の代表的なパターンは下記の５つです。

①三段構成　序論→本論→結論

②四段構成　起→承→転→結

③頭括式　最初に結論、後で説明や事実や具体例を述べる

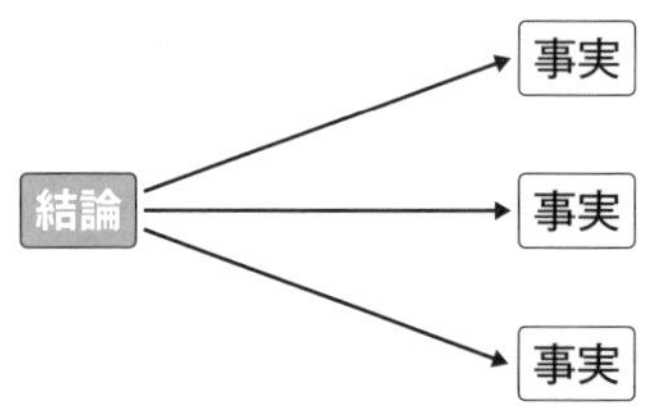

④尾括式　最初に事実や具体例、最後に結論を述べる

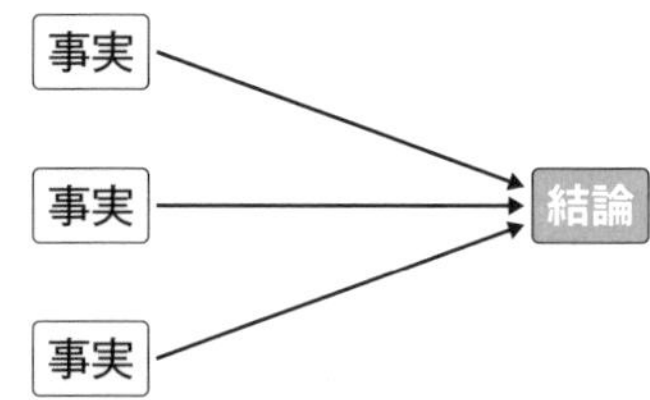

⑤双括式　最初に主題や結論を述べ、次に説明や事実や具体例を挙げ、最後に、再び主題や結論を述べる

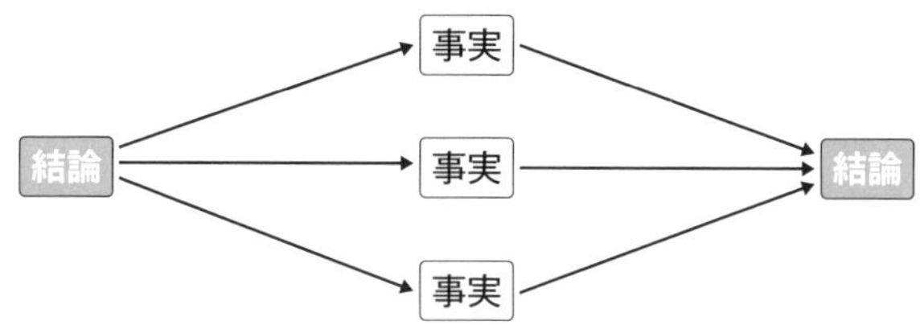

広く知られているのは起承転結ですが、初心者の場合、「転」を書くのが、難しいと思います。

実用的な文章の場合、一般的には頭括式が良く、尾括式も最後に言いたいことを述べる特性があるため、おさまりが良いと言われています。

2 基本は三段構成

文章を書く場合、目的に合わせて構成法を選ぶことが大切です。私はビジネスシーンなら頭括式と尾括式を組み合わせた三段構成（双括式）をおすすめしています。なぜなら、三段構成の文章が、書き手にとっても書きやすく、読み手にとっても読みやすい文章だからです。

三段構成の組み立て方

- 序論＝文章の主題の提示
- 本論＝主題の詳しい説明、具体例の提示、理由
- 結論＝最後に結論を述べる

POINT

「序論→本論→結論」の三段構成で文章を書いてみる

DAY.01
8
構成

時系列を意識して書く

1 時間の流れに沿って書く

どのような順序で文章を書けば良いのか迷った場合、素直に時間の流れに沿って書く方法が有効です。過去、現在、未来と続けて書くことによって、自然に因果関係が明らかになり、わかりやすくなります。

時系列を意識しない場合

私は、かつて味わった覚えのない感情に戸惑った。友人の父の厳しい言葉が心に刻まれたのである。愛情を感じたといってもよい。私には自分の父にこれほど厳しくされた記憶がなかった。

この文章を分解し、時系列に沿って並べると、次のようになります。

① 自分の父に厳しくされたことがなかった。
② 友人の父の厳しい言葉が心に刻まれた。
③ かつてない感情がこみあげた。
④ 愛情を感じた。
⑤ 戸惑った。

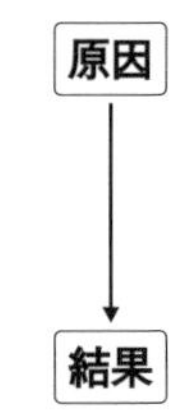

このように、時系列に沿って並べれば、「①が②の原因」「②は③の原因」というように、自然に原因と結果が明らかになります。

時系列を意識した場合

私は、自分の父に厳しくされたことがなかった。そのため、友人の父の厳しい言葉が心に刻まれ、かつてない感情がこみあげた。その言葉に愛情を感じた私は、ただ戸惑うばかりであった。

2 原因は過去にある

現在の状況を考えた場合、その原因は必ず過去にあります。自己の状況でも、周囲の状況でも、原因としての過去があるからこそ、結果としての現在があるわけです。したがって、現在を説明するには、過去について説明する必要があります。

過去＝原因 → 現在＝結果

たとえば、自己紹介文を書くときなど、過去の自分の経験が、現在の自分を形成しているように述べれば、すっきりと書けます。文学的な文章ならば、時系列を無視する方法が効果的なこともあります。実用的な文章では、過去から現在に向けて時系列に沿って説明するのが、相手に伝わりやすい方法です。

POINT

過去、現在、未来の順で書くと、因果関係が明らかになる

DAY.01

9

構成

解説する順序はマクロからミクロ

① 解説は大きな視点から小さな視点へ移行

たとえば、住所を説明するとき、「〇〇県〇〇市〇〇区〇〇」町と書きます。文章の中で何かを説明するときも、マクロの（大きい）視点からミクロの（小さい）視点へと変化させつつ説明する方法がわかりやすいです。例文から考えてみましょう。

悪い例

わが社にも外国人の社員が増えた。国境を越えて人や物や情報が流通しているのだ。グローバリゼーションが進んでいると言える。

この文章の場合、構成要素は下記の３つに分けられます。ミクロに起きている現象（外国人社員の増加）からマクロに起きている現象（グローバリゼーションの進行）へと説明していることがわかります。

しかし、読み手からすれば、理解しやすいのはマクロからミクロの順番です。ミクロからマクロへと説明すると、因果関係が反対になってしまいます。

① わが社にも外国人の社員が増えた。（ミクロの現象）
② 国境を越えて、人や物や情報が流通している。（中間の現象）
③ グローバリゼーションが進んでいる。（マクロの現象）

良い例

グローバリゼーションが進み、国境を越えて人や物や情報が流通する時代になった。そのため、わが社にも外国人の社員が増えている。

左ページの例で、②→③→①、あるいは、②→①→③の順番で書いた場合、読み手は、それぞれ、中→大→小、中→小→大と視点を移さなければならないため、疲れてしまいます。そこで、③→②→①（大→中→小）の順番で説明しましょう。

2 修飾語も、マクロからミクロの順番にする

修飾語の例も挙げてみましょう。

悪い例

白い壁の断崖に立つ太平洋に面したホテル
白い壁の太平洋に面した断崖に立つホテル
断崖に立つ太平洋に面した白い壁のホテル
断崖に立つ白い壁の太平洋に面したホテル
太平洋に面した白い壁の断崖に立つホテル

良い例

太平洋に面した断崖に立つ白い壁のホテル

「太平洋」→「断崖」→「白い壁」というマクロ（大）からミクロ（小）への順番だと自然に感じるはずです。

POINT

大きなものから小さなものへと順番に説明する

DAY.
02

第2日目

”伝わらない文章”に よくあるNGポイント

DAY.02

10

語法

主語と述語の関係を意識する

1 文章の基本は、主語と述語

文章を書くときに、何よりも大切なのは、主語と述語の関係です。

- 何が（は）どうする（動作を表現する場合）
- 何が（は）どんなだ（状態を表現する場合）
- 何が（は）何である（断定する場合）

「何が（は)」の部分を「主語」、「どうする」「どんなだ」「何である」の部分を「述語」と言います。本書の中では、主語をS（Subject)、述語をP（Predicate）と略します。主語と述語を対応させるのは、文章を書く上での基本ですが、意外にも、これができていないビジネスパーソンを多く見かけます。

悪い例

私は、サッカーの試合を観に行ったが、退屈な試合だった。

良い例

私は、サッカーの試合を観に行ったが、退屈な試合だと思った。

上の例は、一見、正しそうに見えますが、「私」が「退屈な試合だった」ということになってしまいます。「思った」という述語を補うべきです。あるいは「退屈だった」という述語の前に「その試合は」という主語を補う方法もあります。

② 主語(S)と述語(P)を対応させる

文が長くなればなるほど、最初に書いた主語が意識から消えて、主語と対応しない言葉を続けて書いてしまうケースが増えます。

そこで、対策として、次の方法があります。

主語と述語を対応させる方法

❶ 一文を、できるだけ短くする。

❷ 文が長くなった場合、主語（S）と述語（P）の距離を短くする。

❸ 違和感を覚えたら、書き途中でも主語と述語の対応をチェックする。

また短い文章でも、主語と述語の距離が短い方が、わかりやすくなります。

悪い例

私は、持続可能性を重視すべきだ。

良い例

持続可能性を重視すべきだと、私は考えている。

POINT

主語と述語が対応しているか、確認する習慣をつけよう

DAY.02

11

語法

主語を省略できるケースと省略しない方が良いケース

① 主語を省略できるケース

日本語は、主語を省略する点に特徴があります。したがって、まったく主語を省略しない文章は、どこか不自然な感じを与えます。

主語を省略できる場合には、省略した方が自然な文章になります。前文の主語と同じ言葉を主語とするケースならば、省略しても構いません。

悪い例

現代人は、情報を使いこなしている。計画的で賢い消費の役に立つのだ。

良い例

現代人は、情報を使いこなしている。計画的に賢く消費をしているのだ。

現代人は、情報を使いこなしている。情報は、計画的で賢い消費の役に立つのだ。

良い例の最初の例文の場合、2つ目の文章の主語は「現代人」なので、省略しても問題ありません。

しかし、悪い例文の場合、2つ目の文章の主語は「現代人」ではないため、「情報」という主語を入れなければなりません。

一見、問題がないように見えますが、読み手は頭の中で「情報は」と補わなくてはならないからです。

② 主語を省略しない方が良いケース

前文の主語とは別の言葉が主語になる場合、つまり、主語が入れ替わるときは、新しい主語を明示しましょう。そうすれば、読み手にもやさしい文章となります。

悪い例

中国の新卒大学生は年間約 630 万人である。就職率約 65% 程度と言われる超競争社会である。

良い例

中国の新卒大学生は年間約 630 万人である。中国は、就職率が約 65%の超競争社会である。

文章には、主語が省略されている場合、ひとつ前の文章の主語を主語とする原則があります。そのため、悪い例の場合だと「中国の新卒大学生は、超競争社会である」となってしまいます。

しかし、「超競争社会」であるという述語の主語は、当然「中国」なので主語を補わなければなりません。

POINT

主語が入れ替わる場合、新しい主語を明示する

DAY.02

12

語法

主語を意識する

1 主語を明示する

男性の場合、主語は大きく「僕」と「私」に分かれると思います。「僕」の場合、多少幼稚でくだけたニュアンスになるので、プライベートな文はともかく、公に発信する場合は「私」という主語を選択すべきでしょう。

また「私たち」「我々」という主語には注意が必要です。

たとえば、「私たちは環境に対して責任がある」という文章の場合、「私」が「私たち」に埋没してしまい、「私」個人の責任が曖昧になります。英語の場合、I と We では意味が明確に違いますが、日本人には、なんとなく「私たち」という言葉を使って、「私」を「私たち」に紛れ込ませる傾向があります。

そのため、主語は「私」なのか「私たち」なのか、意識して使い分けるべきです。

もっと言えば「私たち」は、学校や職場の仲間のことなのか、日本人のことなのか、世界中の人々のことなのか、曖昧な言葉です。読み手は「私たち」の中身を前後の文脈から判断しなくてはなりません。そのような事態を避けるためにも、主語は明示すべきです。

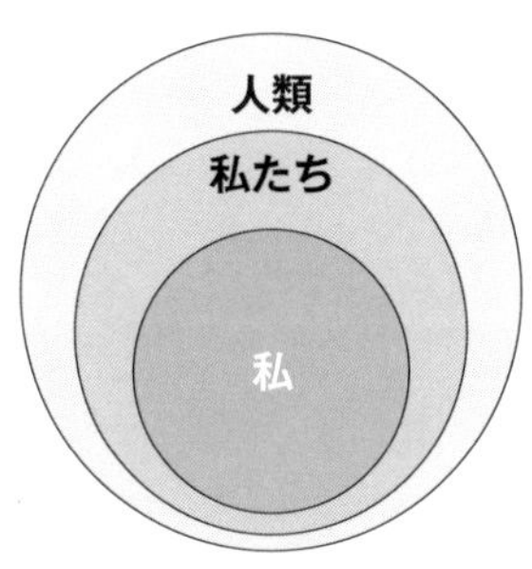

② 主語を複数にしない

一文の中に、２つ以上の複数の主語があり、収拾がつかなくなるケースを見ることがあります。

悪い例

私は、国際社会が、経済が不安定な時に協調することに賛成する。

良い例

経済が不安定な時に、国際社会が協調することに、私は賛成である。

悪い例でも、完全な間違いではありません。しかし「私は、国際社会が、経済が」のように主語が３つも連続すると、読み手は述語を探すことに意識が向いてしまい、内容の理解に集中できなくなってしまいます。

良い例では主語と述語の距離を短くしました。これだけでだいぶ読みやすくなります。

POINT

主語と述語を「一対一」の対応にする

DAY.02

13

語法

修飾語と修飾される言葉の距離は短く

① 文の解釈が複数になってしまう

修飾語と修飾される言葉が離れていると、修飾語がどの言葉を修飾するのかわからなくなり、様々な解釈が生まれてしまいます。

悪い例

私は特に高い地位を得ることが人生の目的ではないことを伝えたい。

良い例

私は高い地位を得ることが人生の目的ではないことを特に伝えたい。

悪い例の場合､｢特に｣が｢高い｣を修飾するのか｢伝えたい｣を修飾するのかわかりにくいので、良い例では「特に」と「伝えたい」を近づけました。

直前の語が、直後にかからないことを示す「読点」を使って、「私は特に、高い地位を得ることが人生の目的ではないことを伝えたい」と表現する方法もあります。これでも意味は通りますが、わかりにくさは残ります。

やはり修飾語と修飾される語を近づけるのが、一番わかりやすい方法です。

悪い例

美しい男女の間で育まれた友情

良い例

男女の間で育まれた美しい友情

悪い例の場合、「美しい」という言葉が「男女」にかかるのか「友情」にかかるのか、一見するとわかりにくいです。

良い例ならば、「美しい」は「友情」にしかかからないので、誤解は生じません。

繰り返しになりますが、大切なのは、読み手にとってわかりやすい文章を書くことです。

書いている側は、関係する単語の距離が離れていても、どの言葉に修飾語がかかっているのかを理解しています。しかし、初めてその文章を読む人は、修飾語がどの言葉にかかるのか、悩みながら読まなくてはなりません。

無駄な誤解を避けるためにも、修飾語と修飾される言葉の距離をできるだけ短くするべきです。

POINT

読み手のために修飾語と修飾される言葉の距離を短くする

DAY.02
14
語法

「です・ます」か「である・だ」に文末を統一する

1 「です・ます」と「である・だ」の違い

文末を「です・ます」で終わらせる書き方を敬体､「である・だ」で終わらせる書き方を常体と言います。

- 「です・ます」⇒読み手に語りかけるように伝える場合
- 「である・だ」⇒一般的に自分の意見を主張する場合

「です・ます」は、要件や自分の考えを丁寧に語りかけるように伝えたい場合に使います。ビジネスや手紙､メールなどで使うことが多いです。一方「である・だ」は一般的な文末です。レポートや論文の場合にも使われます。
「です・ます」で書くか「である・だ」で書くかは、書き手と読み手の関係によって決定します。ビジネスや手紙、メールを「である・だ」で書く場合もありますし、小論文でも「です・ます」で書いて大丈夫な場合もあります。文章を書く前に、どちらの文末で書くか決定しましょう。

また、両者には次のような違いもあります。

- 「です・ます」⇒優しくやわらかい印象を与える
- 「である・だ」⇒すっきりとした印象を与える

2 「です・ます」か「である・だ」に統一する

大切なことは「です・ます」で書くか、「である・だ」で書くかを決定し、一度書き始めたら、最後まで文末を統一することです。当たり前のことのように思われるかもしれませんが、途中で文末が変化している例は少なくありません。
「です・ます」と「である・だ」が混在すると、下記のようなデメリットが生じるので注意しましょう。

- 「です・ます」に「である・だ」が混ざると傲慢な印象を与える
- 「である・だ」に「です・ます」が混ざると間抜けな印象を与える

普段「である・だ」という常体の書き方に慣れていない人が「である・だ」の文章を書こうとした場合に、途中に「です・ます」が出現するパターンが特に多いです。

3 まず「である・だ」で書くことに慣れよう

文章の基本は「である・だ」で書く常体です。したがって、文章を書く練習として、できるだけ「である・だ」で書いてみると良いでしょう。
「である・だ」で書くことには、文章に変化をつけたり、文を短くできるというメリットもあります。

POINT

「です・ます」と「である・だ」が混ざると違和感のある文章になる

DAY.02

15

記号

読点を正しく打つと文章が伝わりやすい

1 読点を打つケース

一文の終わりに打つ句点の使い方はわかりやすいですが、読点には一定のルールがあります。打つ場所によって文章の意味が変わることもあるため、その使い方は重要です。例文を見ていきましょう。

長めの主語を示した後

× 具体的で建設的な意見の提示が求められている。

○ 具体的で建設的な意見の提示が、求められている。

対等な関係の物事を並列する場合

× 海は、美しく花は、咲き乱れ島の人々は、優しかった。

○ 海は美しく、花は咲き乱れ、島の人々は優しかった。

原因と結果の間

× 合理化を、進めたため余裕がなくなった。

○ 合理化を進めたため、余裕がなくなった

逆接の関係の間

× 彼は、卓越した才能を持つが常識に欠ける。

○ 彼は卓越した才能を持つが、常識に欠ける。

空間が変化した場合

× 商店街のパン屋には珍しいパンが、いつも並んでいる。
○ 商店街のパン屋には、珍しいパンがいつも並んでいる。

直前の言葉が、直後にはかからないことを示したい場合

× 部長は楽しそうにカラオケに興じる新入社員を眺めていた。
（楽しそうなのが部長か新入社員かわかりません）
○ 部長は楽しそうに、カラオケに興じる新入社員を眺めていた。
（この場合、楽しそうなのは部長になります）
○ 部長は、楽しそうにカラオケに興じる新入社員を眺めていた。
（この場合、楽しそうなのは新入社員になります）

誤読を避けたい場合

× 警官はあわてて逃走する犯人を追いかけた。
（あわてたのが警官なのか犯人なのかわかりません）
○ 警官は、あわてて逃走する犯人を追いかけた。
（この場合、あわてたのは犯人になります）
○ 警官はあわてて、逃走する犯人を追いかけた。
（この場合、あわてたのは警官になります）

POINT

読点ひとつで、文章の意味は大きく変わる

DAY.02

16

接続

接続語を正しく使う①（順接と逆接の違い）

1 順接と逆接の違い

接続語は文と文をつなげる言葉のことです。前後が予想通りの文章をつなぐ接続語を順接、予想外になった文章をつなぐ接続語を逆接と言います。

2 順接の接続語

順接の接続語は「だから」「したがって」「それで」「ので」「ゆえに」などです。前後関係が予想通りですから、A の部分が、B の部分の原因や理由を示しているとも言えます。

例

路面が凍結している。だから、事故が増加した。

3 逆接の接続語

逆接の接続語は「だが」「しかし」「ところが」「けれども」「にもかかわらず」などです。逆接の場合、予想外の他に、対比や、後ろに言いたいことがあるなどの意味もあります。

例

春になった。しかし、寒い日が続く。

逆接の３つの意味

❶ 予想外

（例）天気予報は雨だった。しかし、当日は快晴だった。

❷ 対比

（例）関西はうどん文化だ。しかし、関東はそば文化だ。

❸ 後ろに言いたいことがある

（例）仕事も大事だ。しかし、遊びも必要だ。（言いたいのは遊び）

（例）遊びも必要だ。しかし、仕事も大事だ。（言いたいのは仕事）

この３つの意味を組み合わせることもできます。

例

私はそば文化圏と言われる関東の育ちである。しかし、だしのきいた関西風のうどんが好みである。

関東の育ちのため、そば好きとイメージされやすいところを、うどんが好きと書いてあります（予想外）。さらに関東と関西を比較した上で（対比）、関西風のうどんが好き（後ろに言いたいこと）と述べている文章です。

POINT

予想通りなら順接、予想外なら逆接の接続語を使う

DAY.02 17 接続

接続語を正しく使う②(対等関係とイコール関係の違い)

1 対等関係を表す接続語

対等関係を表す接続語は、「また」「または」「あるいは」「ならびに」などです。対等とは、2つの物事の重要度が同じで、双方に優劣が存在しないという意味です。前後が対等でない場合、これらの言葉を使うのは不適切です。

悪い例

サッカー、または、スポーツの経験者を探している。

良い例

サッカー、または、野球の経験者を探している。

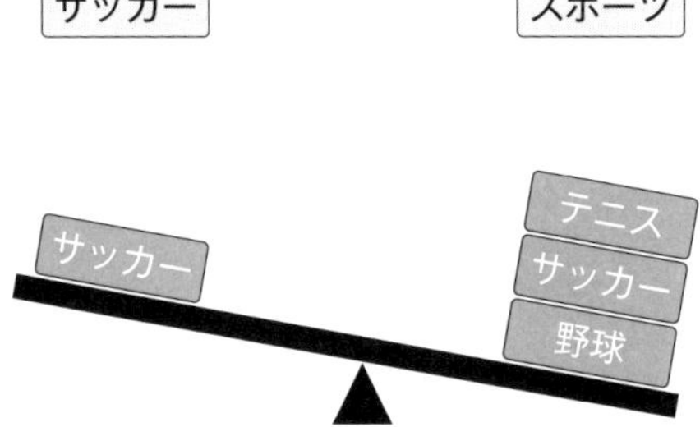

悪い例の場合、サッカーとスポーツでは、スポーツの方が概念として大きいため、両者を対等とは言えません。

良い例の場合、サッカーと野球ならば、前後を入れ替えても文章が成立します。

文章を書いていて、同じ程度に重要な物事だと判断したとき、両者の間に「また」「あるいは」などの接続語を使います。

2 イコール関係を表す接続語

前後をイコール関係でつなぐ接続語には「つまり」「すなわち」「要するに」「いわば」「いわゆる」「言い換えれば」などがあります。

厳密に言えば「つまり」には「要するに」と同様、前の部分を要約するというニュアンスがあります。「いわば」には、たとえて言ってみればというニュアンスがあります。「いわゆる」には、世間一般に言われているという意味があります。

いずれにしても、前後がイコールならば、これらの接続語を使うのはOKです。イコール関係が成立しない場合に使うのはNGです。

例

彼は、そそっかしくて不注意な人物、つまり、粗忽(そこつもの)者だ。
(要約すると、というニュアンスがある)

例

彼らは、ベビーブームの時代に生まれた、いわゆる団塊(だんかい)の世代にあたる。
(世間一般に言われているというニュアンスがある)

POINT

前後の関係によって接続語を使い分ける

DAY.02

18

助詞

「が」「の」「は」を繰り返さない

1 同じ言葉の繰り返しはNG

悪い例

私は、国際社会が、経済が不安定な時に協調することに賛成する。

良い例

不安定な経済状況下で、国際社会が協調することに、私は賛成である。

主語を連続させてはいけない例は、すでに指摘しました。

悪い例では「が」を２回繰り返しています。それだけでも読み手は戸惑います。同じように「の」を繰り返すのも、避けるべきです。

悪い例

環境の問題の根本の原因の解明の重要性（「の」が５つ）

良い例

環境問題の原因を根本から解明することの重要性（「の」が２つ）

悪い例

パリの中心部のセーヌ川の河畔の美術館（「の」が４つ）

良い例

パリ中心部を流れるセーヌ川の畔にある美術館（「の」が１つ）

文章をわかりにくくするパターンに、主語に続く「は」の繰り返しもよくあります。その場合、「は」と「が」を使い分けて繰り返しを解消すると、不自然さがなくなります。

悪い例

課長は、部長は責任を取るべきだと主張した。

良い例

課長は、部長が責任を取るべきだと主張した。

2 その他の繰り返してはならない言葉

- 「そして」……………繰り返すと幼稚な印象を与えます
- 「である」……………繰り返すとしつこい印象を与えます
- 「だ」…………………繰り返すとしつこい印象を与えます
- 「思う」………………繰り返すと感情的な印象を与えます
- 「かもしれない」……繰り返すと自信のない印象を与えます

この他にも、同じ言葉を繰り返すことが癖になっている人をよく見かけます。同じ言葉が3回以上繰り返されると文章は単調になります。繰り返しに気づいたら、別の表現に直し、変化をつけるようにしましょう。

POINT

同じ言葉は3回以上繰り返さない

DAY.02

19

語法

意味が重なる表現を避ける

1 重複は不要

意味が重なる重複表現、いわゆる重言（じゅうげん）を用いると、読み手に幼稚な文という印象を与えます。文章がしつこくなるばかりか、書き手の知識不足が明らかになってしまいます。

悪い例

友人は、私に会うたびに健康のことをいつも心配する。

良い例

友人は、私に会うたびに健康のことを心配する。
友人は、私に会うと健康のことをいつも心配する。

悪い例

問題点をはっきりと明示することが大切だ。

良い例

問題点を明示することが大切だ。
問題点をはっきりと示すことが大切だ。

言いたいことを丁寧に述べようとするときに、重複表現になりやすいものです。

よくある重複表現と改善後の例を、挙げておきましょう。

重複表現の例と正しい使い方

- 後で後悔する→後悔する
- 犯罪を犯す→罪を犯す
- 被害を被る→被害に遭う
- ふたたび再婚する→再び結婚する・再婚する
- 電車に乗車する→電車に乗る
- 価格を値下げする→価格を下げる
- メンバーだけに限定する→メンバーに限定する
- 頭痛が痛い→頭痛がする
- お金を入金する→入金する
- 返事を返す→返事をする
- 日本に来日する→来日する
- 甘いスイーツ→スイーツ
- 安心感を感じる→安心する・安心感を覚える
- もっぱら専念する→専念する
- いまだ未完成→未完成
- 捺印を押す→捺印する・印を押す
- 加工を加える→加工する
- あらかじめ予定する→予定する
- すべて一任する→一任する
- 色が変色する→変色する
- 辞意の意向→辞意

POINT

表現が重複すると、くどい文になる

DAY.02

20

語法

「あれ」「これ」「それ」は多用しない

❶「それ」は直前の内容を名詞の形で受ける

「あれ」「これ」「それ」などの指示語は、直前の物事を指します。指示語を使うと、同じ意味の言葉を繰り返さなくて済むため、文章が引き締まります。しかし、指示語に頼りすぎると、「それ」という指示語が何を指しているのか曖昧になるため、適度な頻度になるよう心がけましょう。

指示語を使わない方が良いケース

❶ 指示語と指示語を指す言葉が、離れすぎている

❷ 何を指しているのか曖昧

悪い例

経営に戦略と戦術は不可欠である。それの継続と顧客の信頼によって会社は成長するからである。経営者は、それを肝に銘じるべきである。

最初の「それ」は、普通に読むと直前の「戦略と戦術」になりますが、言葉が並列しているので、せめて「それら」とすべきです。結局「それ」は「経営における戦略と戦術」あるいは「戦略と戦術による経営」を指すのでしょうが、このままではわかりにくいです。

3文目の「それ」も直前の文を指すのか、それとも「経営に～成長するからである」の2つの文章を指すのか、「経営に～不可欠である」の最初の文を指すのか、わかりにくいです。しかも、直前の文の中に「それ」という指示語が入っているために、さらにわかりにくくなっています。

指示語に頼らない文章を書いてみましょう。

良い例

経営においては、戦略と戦術の継続と同時に顧客からの信頼の獲得によって会社が成長することを、経営者は肝に銘じるべきである。

2 「あれ」「これ」「それ」の違い

原則的に「あれ」は比較的遠い物事、「これ」は近い物事、「それ」は近いものから遠いものまでを指し示すのに使います。

また「あの」「この」「その」は、「あの人」「この場合」「その事」のように、名詞にかかる形で使います。

3 指示語を安易に使用しない

指示語を使うと楽に文章が書けるし、すっきりします。

しかし、読み手の立場になれば、何を指しているのかわからない言葉ほど、やっかいなものはありません。指示語を使用するのは、原則的に直前の物事をはっきりと示している場合に限るべきです。

POINT

指示語は、直前の内容を明確に示す場合に使用する

DAY.02
21
語法

「話し言葉」は使わない

1 話し言葉を入れると、幼稚な印象を与える

文章に話し言葉を入れるのは、原則的にNGです。言葉はたしかに時代によって変化するものですが、文章には書き言葉を使いましょう。以下は、うっかり使ってしまう話し言葉の例です。

話し言葉の例と正しい使い方

- みたいな→のように
- なんか→など
- とか→など
- なんて→などとは
- してる→している
- けど→けれども
- けれど→けれども
- いろんな→いろいろな
- ちゃんと→きちんと
- すごく→とても・きわめて・大変
- 自分的には→自分としては・私としては

2 ら抜き言葉も使用しない

「見れる」「食べれる」などは、いわゆる「ら抜き言葉」と呼ばれます。日常会話の中で、かなり使用されるようになりましたが、文章の中に入ると、やはり稚拙な印象を与えます。ビジネス文章では使うのをやめるべきです。

ら抜き言葉の例と正しい使い方

- 見れる→見られる
- 食べれる→食べられる
- 寝れる→寝られる
- 起きれる→起きられる
- 来れる→来られる

ちなみに、次の場合は「ら」がなくても、問題ありません。
「読める」「書ける」「話せる」「飛べる」「行ける」「立てる」「愛される」。

見分け方

- 「ない」をつけると直前の文字の母音がアの音で終わる⇒「ら抜き」OK
- 「ない」をつけると、直前の文字の母音がイ、エ、オの音で終わる⇒「ら抜き」NG

（例）読む→読まない（ま＝母音がア）→読める
（例）見る→見ない（み＝母音がイ）→見られる
（例）案じる→案じない（じ＝母音がイ）→案じられる
（例）食べる→食べない（べ＝母音がエ）→食べられる
（例）来る→来ない（こ＝母音がオ）→来られる

POINT

話し言葉・ら抜き言葉を避け、正しい書き言葉を使う

DAY.02

22

記号

記号に頼りすぎない

1 括弧に頼らない方が、文章は上手になる

文章において、記号を多く使う例を見かけます。しかし、記号に頼りすぎると文章の力はつきません。括弧に頼る例を見て解説しましょう。

悪い例

大学では、自ら学ぶ（それは研究とも言える）ことが求められている。

良い例

大学では、自ら学ぶこと、すなわち、研究が求められている。

悪い例

大学では、異文化（たとえば留学生）との出会いが期待される。

良い例

大学では、異文化に属する留学生との出会いが期待される。

括弧は必要な場合もありますが、言い換えや例示、補足で使用している場合は括弧を外して表現できます。

2 感嘆符や疑問符は、感情的な印象を与える

文章の見出しなどは例外として、「！」や「？」も必要のない場合が多いです。感動や興奮や強調、あるいは疑問の気持ちなどを表現するときに「！」や「？」の記号は便利ですが、それらの気持ちは文章で表現すべきです。

悪い例

問題の解決策がない？　それは由々しきことだ！

良い例

問題の解決策が見つからないのは、由々しきことだ。

記号の例

「」（カギ括弧）	引用、タイトル、会話、強調の場合に用いる
『』（二重カギ括弧）	本のタイトル、「」が重なる場合に用いる
()（括弧）	言い換え、例示、挿入、補足の場合に用いる
！（感嘆符）	感動、驚き、強調などの感情を表す
？（疑問符）	疑問を表す
・(中点)	複数の対等な語句を並列する場合に用いる
…（三点リーダ）	時間の経過、余情・余韻、省略を表す
—（ダッシュ）	時間の経過、説明、引用、省略を表す

文章力を上げるには、これらの記号に頼りすぎないことが大切です。

POINT

記号は、句読点とカギ括弧だけを使用する

DAY.02

23

語法

体言止めや倒置法を用いない

① 体言止めは、自己陶酔に見えてしまう

体言止めとは、名詞や代名詞で文を終える形のことです。

体言止めにはメリットもあり、新聞・雑誌の記事や文学的な文章で使われることがありますが、ビジネスで使う文にはふさわしくありません。

体言止めのメリット	体言止めのデメリット
●文章を短くできる ●余情・余韻を出せる ●リズムが生まれる	●文章の印象が軽くなる ●意味が不明瞭になる可能性がある ●自己満足・自己陶酔しているように見える

悪い例

この季節。天気は気まぐれ。何を着るか迷う。その悩みを解消するダウンベスト。手に取ってみると驚きの軽さ。いとおしくなる手触り。

良い例

この季節の天気は気まぐれなため、何を着るか迷う。その悩みを解消するのがダウンベストだ。それは驚くほど軽く、いとおしくなるほど手触りが良い。

2 倒置法は、わかりにくい印象を与える

倒置法とは、言葉の順序を逆にする方法です。

倒置法のメリット	倒置法のデメリット
●印象を強められる ●感情をそのまま表現できる ●余情・余韻を出せる	●技巧的な感じを与える ●わかりにくい印象を与える ●自己満足・自己陶酔しているように見える

悪い例

ボランティア活動をしていた。あの部長が。(主語と述語の順序が逆)

あの部長がしていた。ボランティア活動を。(目的語と述語の順序が逆)

あの部長がしていたのは、ボランティア活動。(倒置法+体言止め)

良い例

あの部長が、ボランティア活動をしていた。

体言止めや倒置法は、実用的な文では使わないのが無難です。

POINT

ビジネスの文章では、体言止めや倒置法は極力避ける

DAY.02

24

語法

二重否定はできるだけ使わない

1 二重否定はわかりにくい

二重否定とは、否定の言葉を２つ重ねる方法です。強調や婉曲、消極的な肯定の意味で使われる方法ですが、まわりくどいです。実用的な文章においては、すっきりとした肯定文に変えるべきです。

例 **例外のない規則はない。**

こうして直すとOK！

どのような規則にも例外はある。

例 **市場を開放しなければ、未来はない。**

こうして直すとOK！

市場を開放すれば、未来がある。

例 **本部長が、この事案を知らないはずはない。**

こうして直すとOK！

本部長は、この事案を知っているはずである。

例 **近いうちに地震が発生すると言えないこともない。**

こうして直すとOK！

近いうちに地震が発生する可能性がある。

例 **バックアップしておかないと、データを喪失しかねない。**

こうして直すとOK！

バックアップしておけば、データを確保できる。

例 **君がいなければ、プロジェクトの成功はなかった。**

こうして直すとOK！

君のおかげでプロジェクトは成功した。

例 **事前の予約がないと、席を用意できません。**

こうして直すとOK！

事前の予約があれば、席を用意できます。

二重否定は、微妙なニュアンスを表現するために必要なこともあります。

しかし、何を伝えたいのかわかりにくいものです。文章力を上げるためにも、二重否定で表現しそうになったら、肯定表現に変えてみるといいでしょう。

POINT

二重否定は、肯定の形に変換してすっきりさせる

DAY. 03

第３日目

“読まれる文章”にする差がつくポイント

DAY.03

25

分量

文章には適切な長さがある

1 文章は長くなりすぎないようにする

1つの文章を長く続けると、文の構造が複雑になるため、文法的な誤りが出やすくなってしまいます。また、読み手にとっても長い文章はわかりにくいものです。文章には適切な長さがあります。

- メール等の場合……20字～40字（平均30字）
- 一般的な文章………20字～60字（平均40字）

これは、読み手にとってわかりやすい字数のおおよその目安です。

2 長すぎる場合、文章を分割する

悪い例

豊かな感性を育むには、自然界と直接かかわる経験が不可欠であるが、情報化による疑似現実の拡大によって、そのような貴重な経験を喪失してしまったために、残念ながら感性は失われつつあると言わざるを得ない。

良い例

豊かな感性を育むには、自然界と直接かかわる経験が不可欠である。しかし、現代人は、情報化による疑似現実の拡大によって、そのような貴重な経験を喪失した。その結果、豊かな感性は残念ながら失われつつある。

文章を短くするためには、このように文を分割する方法が有効です。

ポイントは「が」などの接続助詞でつなげるのではなく、一度文を終わらせて「しかし」などの接続語で文と文をつなぐことです。

分割前の文は100字、分割後は平均32字です。文章を書くとき、書き手が自分の世界に入り込んでしまうと、文章が長くなる傾向があります。それでは自己満足になってしまうので注意しましょう。

3 短すぎる文章が連続してもいけない

短い文が連続すると、幼稚な印象を与えるので、一文にまとめましょう。

悪い例

産業革命がおきた。近代的な工場ができた。企業家は工業製品を生んだ。

良い例

産業革命によって、近代的な工場が生まれ、企業家は工業製品を生んだ。

4 バランスが大切

実際に文章を書くときは、短い文章と長い文章を組み合わせて、一文の平均の字数を30字から40字以内におさめると、文章にリズムが出ます。

POINT

一文の適切な長さは、平均30字～40字

DAY.03

26

分量

一文に情報を詰め込みすぎない

1 情報過多にならないようにする

一文を長くしすぎないということは、一文に入る情報の量を制限することにつながります。

字数と情報量の関係は、20字から30字＝1つの情報とします。一文の長さが20字から30字の場合、1つの情報が入り、一文の長さが40字から60字の場合、2つか3つの情報が入るのが適切になります。

一文に情報を詰め込みすぎた例を挙げてみましょう。

悪い例

科学技術の進歩が、人類をかつて貧困や病から救い、現在の生活に多大な快適性と利便性をもたらしたことを今更否定する人はいないだろうが、地球上における富の偏在や地球環境の異常ともいえる変調を考えると、科学技術の進歩が真に人々の豊かさを約束するのかという疑念がわいてくる。

文章も130字と長いですし、情報も一文の中に数多く入っています。文として破綻はしていませんが、読み手にとってわかりにくいです。

改善するためには、文章の要素を分割してみましょう。下記のように5つに分けられます。

① 科学技術の進歩が、かつて人類を貧困や病から救ったこと。
② 科学技術の進歩は、現在の生活において多大な快適性と利便性をもたらしていること。
③ ①と②の事実を今更否定する人はいないだろうと思われること。

④ 地球上には富の偏在や環境の異常な変調という問題があること。
⑤ ④の問題を考えると、科学技術の進歩によって真の豊かさが約束されるのかという疑念がわくこと。

元の文章を分割し、一文に入れる情報を１つか２つに絞ると、次のような文章になります。

良い例

科学技術の進歩が、かつて人類を貧困や病から救った。また、現在の生活に多大な快適性と利便性をもたらしている。今更そのことを否定する人はいないだろう。しかし、地球上には富の偏在や環境の異常な変調という問題がある。それらの問題を考えると、科学技術の進歩によって真の豊かさが約束されるのかという疑念がわく。

文章は、情報伝達の手段ですが、一度に多くの情報を伝達しようとするのではなく、一文に入れる情報を１つか２つ、多くとも３つにすると、わかりやすい文章になります。

POINT

20字から30字に、１つの情報を入れる

DAY.03

DAY.03

27 意識して改行する

改行

① どこで改行するか

改行は、次のような場合にします。

改行をするケース

① 視点を変える場合
② 別の考えを述べる場合
③ 理由を述べる場合
④ 具体例を述べる場合
⑤ テーマが変わる場合

改行が多いか少ないかで、印象が変わります。

- 改行が多い⇒軽い印象
- 改行が少ない⇒重い印象

メールの場合、あまり改行がないと、読み手に重い印象を与えるため、積極的に改行すべきです。一方、論文などでは、あまりに改行が多いと、軽い印象を与えるばかりか、字数を稼いでいると思われる可能性があります。したがって、文章の形式と内容に合わせて、読み手に対する視覚的な効果を意識しつつ、適切なところで改行する必要があります。

悪い例

新製品の売り上げですが、雑誌で紹介されたこともあり、現在のところ好調を持続しています。しかし、口コミなどが広まらない場合、今後は売り上げの減少も予測されます。そのため、対象となる年齢層に試供品を配るなど、宣伝方法を見直す必要があると思われます。

これはあくまでメールの場合ですが、読み手は、一日に何十、何百という文書を目にしている可能性があります。読み手の立場になって、積極的に改行して印象を軽くすると同時に、内容的にも視覚的にも読みやすい文章にするべきです。

良い例

新製品の売り上げについて（テーマ）
雑誌で紹介されたこともあり、現在好調を持続しています。（現状）
しかし、今後は、口コミによる広がりがないと、
売り上げの減少も予想されます。（今後の予想）
そのため、対象となる年齢層に試供品を配るなど、
宣伝方法の見直しが必要です。（対策の例）

例文では、内容だけでなく視覚効果を考えて、読点でも改行しています。一文、あるいは一文の途中で改行するのは、一般的な文章では避けるべきですが、メールやブログにおいては効果的な方法です。

POINT

改行は、内容だけでなく視覚効果を意識しつつ行う

DAY.03

28

段落

段落の作り方

① 段落を作る

改行すると、段落ができます。ブログやメールの場合は、積極的に改行してもかまいませんが、作文や論文などの場合、1段落が短すぎても長すぎても、読み手にとってわかりにくくなります。

適切な字数は、次のようになります。

- 1文の字数は、平均40字
- 4文から6文で、1段落を構成する（平均5文）
- 1段落の字数は、160字から240字になる（平均200字）

これは、あくまで目安ですが、1段落が平均200字なので、600字の文章の場合3段落、800字の文章の場合4段落、そして、1000字の文章の場合5段落が、適切な段落の数になります。たとえば、課題文について1000字で自分の意見を述べる場合、次のようになります。

課題文の論理展開

❶段落：課題文の要約

❷段落：自分の意見

❸段落：主張の根拠

❹段落：主張に関する具体例

❺段落：結論

② 1つの段落には、1つのメッセージを持たせる

1つの段落の中に、段落の内容と無関係な文章を入れてはいけません。その中に入れる文は、すべて段落の内容と関係のある文章にするべきです。また、別の段落の内容を混ぜないようにしましょう。

すべては、最終的に文章全体で言いたいことを伝えるためにあります。

下の図のようなイメージで段落を作り、文章を構成していきましょう。

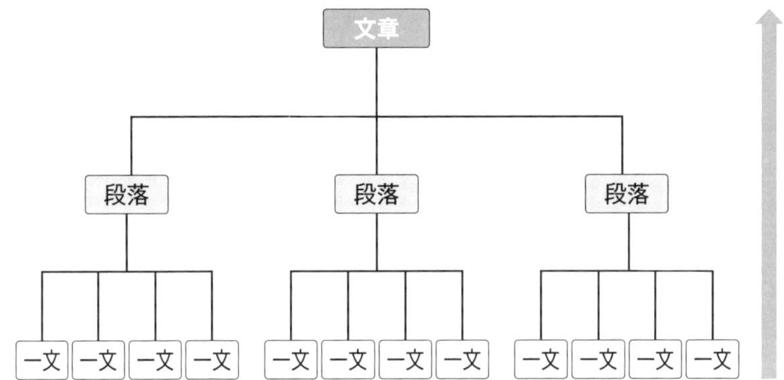

POINT

1段落は、平均200字が目安

DAY.03
29
語法

副詞と文末を呼応させる

1 一定の文末と対応する副詞がある

副詞には陳述の副詞、あるいは呼応の副詞といって、一定の文末とペアで使われるものがあります。副詞と文末が呼応していない場合、それは文法的に間違いであるため、幼稚な文章という印象を与えます。

悪い例

たぶん彼は司法試験に合格する。

良い例

たぶん彼は司法試験に合格するだろう。

悪い例

私なら、このくらいの辛さは、全然平気だ。

良い例

私なら、このくらいの辛さは、全然気にしない。

最近では「全然大丈夫」「全然 OK」「全然同感です」「全然大きい」「全然若い」のように、「断然」、あるいは、「あきらかに」という意味で「全然」を使う例も見かけます。しかし、文章の中では、否定的な表現を伴って「全然」を使うべきです。

主な、副詞と文末の対応関係を整理しましょう。

副詞	対応する文末	意味
たぶん・おそらく	～だろう	推量
決して・全然・少しも	～ない	打ち消し
まさか・よもや	～まい・～ないだろう	打ち消し推量
もし・たとえ・仮に	～たら・～ても	仮定
決して	～してはならない	禁止
まるで・あたかも	～ような	比喩
ぜひ・どうか・どうぞ	～してください	願望
なぜ・どうして	～か	疑問

副詞以外にも「なぜなら」と書いた場合、「～からである」で終えるべきなのに、「～である」と書いてしまう例も多いです。「なぜなら」と文末の距離が長い場合に出やすいミスです。

悪い例

私は、個性を求めようとは思わない。なぜなら、たとえ自分探しをしても、自分が見つかるとは限らないし、その営みに終わりはないのである。

良い例

私は、個性を求めようとは思わない。なぜなら、たとえ自分探しをしても、自分が見つかるとは限らないし、その営みに終わりはないからである。

POINT

特定の副詞と文末の呼応関係は、セットで覚えておく

DAY.03

30

語法

名詞と動詞を対応させる

1 特定の動詞と呼応する名詞がある

「将棋を指す」「囲碁を打つ」のように名詞と動詞の間に呼応関係が存在する場合があります。

悪い例

あの人は、蕎麦を作る職人だ。

良い例

あの人は、蕎麦を打つ職人だ。

蕎麦を作る職人というと、畑で蕎麦の実を育てる人になります。

しかし、畑で作物を作る人を一般的には職人とは言わないので、不思議な文になっています。

蕎麦職人は、蕎麦を作る人ではなく、打つ人です。

悪い例

行間を推測することが大切である。

良い例

行間を読むことが大切である。

行間を読むとは、推測することなので、悪い例も完全な間違いではないのですが、「行間」を読むが、名詞と動詞の自然な結びつきです。その他、慣用的な表現になっている、主な名詞と動詞の呼応関係を整理しておきます。

このような語と語の自然な結びつきを「コロケーション」と言います。名詞と動詞が呼応していない場合、読み手は、違和感を覚えるものです。

名詞	呼応関係にある動詞	意味
足を	洗う	悪いことをやめる
二の足を	踏む	実行をためらう
頭角を	表す	優秀さが目立つ
口裏を	合わせる	食い違わなくする
霜を	頂く（いただく）	白髪になる
顔色を	窺う（うかがう）	反応を気にする
食指を	動かす	参入しようとする
相槌を	打つ	うなずく

悪い例

昔から日本人は、花鳥風月を歌に読んできた。

良い例

昔から日本人は、花鳥風月を歌に詠んできた。

俳句や和歌の場合「読む」も完全な間違いではありませんが、「詠む」という字を使うのが自然です。

POINT

慣用表現として特定の動詞と呼応する名詞をチェックしておく

DAY.03
31
助詞

「が」と「は」の違いを意識する

1 「が」と「は」の違い

例

赤ワインが好きです。
赤ワインは好きです。

- 「が」⇒事実をそのまま示すときに使う
- 「は」⇒①他と区別した上で、何かを強調するときに使う
　　　　②全体の話題を示すときに使う

「赤ワインが好きです」は、事実を素直に述べた文章です。

一方「赤ワインは好きです」と言うと、他のお酒と比べた上で、ウイスキーでも日本酒でも焼酎でもビールでもなく赤ワインが好き。あるいは、ワインの中でも、白やロゼではなく、赤が特に好きという気持ちを表現できます。

例

部下が持ってきたデータを解析した。
部下は持ってきたデータを解析した。

「部下が〜」の場合、データを解析したのは、部下か別の人物かわかりません。一方「部下は〜」の場合、そこで文全体の話題が示されているため、データを解析したのは部下になります。

例

疲れているときチョコレートが食べたくなる。
チョコレートは私にとって仕事のパートナーだ。

- 未知の新情報を示す場合⇒「が」
- 既知の旧情報を示す場合⇒「は」

上記のような「が」と「は」の違いもあります。したがって、次のような文章は不自然で、読み手は違和感を覚えます。

悪い例

開発とテストに10年をかけた新型の車は完成しました。そこで今回、発表会を行う運びになりました。

良い例

開発とテストに10年をかけた新型の車が完成しました。そこで今回、発表会を行う運びになりました。

悪い例では、発表前にもかかわらず新型車について読み手が情報をすでに知っていると、書き手が判断していることになってしまいます。新型車の発表会ですから、未知の新情報を示すために「が」を使うべきです。意識して「が」と「は」を使い分けることも、文章を上達させるために必要です。

POINT

「は」と「が」で意味が変わる

DAY.03

32

助詞

「には」と「は」の違いを意識する

1 「には」と「は」の違い

悪い例

私は、社会経験を積んでから教職につくプランがある。

良い例

私には、社会経験を積んでから教職につくプランがある。
私は、社会経験を積んでから教職につくプランを持っている。

助詞に関するミスは、圧倒的に多いと言えます。

悪い例は「私は」を途中で忘れたために起きたミスです。プランがあるなら、「私の中に」という意味を込めて「私には」と書くべきです。

もし「私は」という主語をいかすなら、「持っている」という述語で主語を受けるべきです。

悪い例

この本は、環境問題に関する具体的な解決策が記載されている。

良い例

この本には、環境問題に関する具体的な解決策が記載されている。
この本は、環境問題に関する具体的な解決策を記載している。

悪い例

彼女のファッションは、女性だけでなく男性も興味を示している。

良い例

彼女のファッションには、女性だけでなく男性も興味を示している。

彼女のファッションは、女性だけでなく男性の興味もひいている。

このようなミスも「は」と書いたのに、主語を途中で忘れてしまうことから起こります。

「は」と主語を示した場合、必ず述語と対応させることが必要です。また「には」と述べた場合、その部分は主語にならないので、他の場所で主語と述語を組み合わせる必要があります。

- 「は」の場合　：主語＋は→述語（Sは→P）
- 「には」の場合：～には＋主語→述語（～にはS→P）

悪い例

あの人は、珈琲はうるさい。

良い例

珈琲には、あの人はうるさい。

あの人は、珈琲にはうるさい。

POINT

「には」と「は」は一見似ているが、後に続く文章の構造が変わる

DAY.03

33

助詞

「に」と「へ」の違いを意識する

1 「に」と「へ」の違い

- 「に」は明確な場所を示す
- 「へ」は漠然と方向を示す

例

京都に行く。
京都へ行く。

上の２つの文章の差は、ほとんど感じられないかもしれません。

しかし、ニュアンスの違いがあります。「京都に行く」の場合、神戸でも大阪でもなく「京都」という場所に行くニュアンス、「京都へ行く」の場合、漠然と京都方面に行くニュアンスがあります。

悪い例

目的地へ着いた。

良い例

目的地に着いた。

この例だと、目的地という場所に着いたことを示すのに「へ」を使うと違和感があることが、わかりやすいと思います。

もう１つ例を挙げましょう。

例

西へ移動する。
西に移動する。

２つを比べると「に」より「へ」の方が「西」という漠然とした方向を示すのに適切であることが、わかるでしょう。

例

病院に行く。
病院へ行く。

例

内科に行く。
内科へ行く。

病院の場合は、どちらでも良さそうですが、内科の場合、病院の中でも内科と場所が特定されているので「に」が適切です。

POINT

明確な場所には「に」、漠然とした方向には「へ」を使う

DAY.03
34
語法

単文、重文、複文の違いを意識する

1 単文と重文と複文の違い

1つの文章の中に、主語と述語が一組だけ存在する文章を単文と言います。主語と述語が2つ以上、対等な関係で並んでいる文章を重文と言います。そして複文は、主語と述語で構成される文章の主語や述語の部分に、さらに主語と述語の関係が入りこんでいる文章です。

● **単文：主語→述語**
（例）風が吹く。
● **重文：主語→述語、主語→述語**
（例）風が吹き、木が揺れる。
● **複文：主語**（主語→述語）**→述語**
（例）風が木を揺らす光景が、台風の接近を告げている。
● **複文：主語→述語**（主語→述語）
（例）私は、台風が接近していると思う。

2 文章は、単文と重文と複文の組み合わせ

複文は構造が複雑になるため、主語と述語が対応しない事態が生じやすく、注意が必要です。

そのため文章を短くすべきという考えもありますが、短い文だけで構成すると、幼稚な印象を与えてしまいます。

短い文章と長い文章を組み合わせて、一文の平均の字数を30字から40字以内におさめると、文章にリズムが出ると先述しました。それは、まさに単

文と重文と複文を組み合わせて文章を書くことを意味しています。

悪い例

風が吹いた。木が揺れた。私は気づいた。台風が接近している。

良い例

風が吹き、木が揺れると、私は、台風が接近していることに気づいた。

単文だけで構成した場合、「風が吹く」のと「木が揺れる」のに時間差が生じてしまいます。また、後半も倒置法になっています。文学的な文にも見えますが、わかりにくいです。

一方、複文の例の場合「風が吹き、木が揺れる」の部分では、重文の要素を入れることによって、2つの現象が同時に起きていることがわかります。

長い文章の中に、短い単文が混じると、読み手は新鮮な印象を受けます。文章を変化に富んだものにするためにも、単文と複文と重文をうまく組み合わせて書きましょう。

POINT

単文、重文、複文をバランス良く入れて、文章に変化を出す

DAY.03
35
表現

対等関係の表現法

1 連用形中止法は、対等関係を示す

例

風が吹き、木が揺れる。

接続語を使う以外にも対等関係を示す方法があります。それが上記の例文です。「吹き」という動詞の連用形の後に一度読点を打って文を止めて、次につなげる用法で、連用形中止法と言います。連用形中止法を用いて文を作った場合、前後が対等な関係になります。

悪い例

彼女と私は、読む本が違い、聴く音楽が違い、趣味が違う。

良い例

彼女と私は、仕事が違い、趣味が違い、人生観が違う。

悪い例の文章は「趣味」の部分だけ、概念として大きいため、「本」と「音楽」との対等関係が成立せず、違和感を読み手に与えてしまいます。
「仕事」と「趣味」と「人生観」ならば、概念として並べることができるので、文章にしたときに、違和感を与えません。

❷「～たり～たり」は、対等関係を示す

文章において「たり」は、二度繰り返すべきです。

悪い例

音楽を聴いたり、映画を見て休日を過ごした。

良い例

音楽を聴いたり、映画を見たりして休日を過ごした。

❸「～も～も」は、対等な関係を示す

悪い例

アメリカも日本人も野球が大好きだ。

良い例

アメリカ人も日本人も野球が大好きだ。

連用形中止法や「～たり～たり」「～も～も」によって並列される物事には、対等関係が存在しなければなりません。

対等とは、2つの物事の重要度が同じで、双方に優劣が存在しないという意味です。名詞と名詞、動詞と動詞のような品詞レベルだけでなく、語句の概念も同じ大きさに揃える必要があります。

POINT

並列される物事は、対等関係でなければならない

DAY.03

36

表現

対比関係の表現法

1 対比とは、対にして比べること

対比は、論理的な文章によく出てくる表現です。実用的な文章の中でも、何かと何かを比べるときに使います。

対比のパターン

❶ A逆接B（が・だが・しかし等、逆接の接続語の前後）

（例）西洋人は個人主義的だ。しかし、日本人は集団主義的だ。

❷ Aに対してB

❸ Aに比べてB

❹ Aに反してB

❺ Aと逆にB

（例）西洋人は個人主義的だ。それに対して、日本人は集団主義的だ。（それに比べて／それに反して／逆に）

❻ AよりB

（例）日本人は、個人主義的というより集団主義的だ。

❼ 一方A他方B（A一方B）（A他方B）

（例）西洋人は個人主義的だ。一方（他方）、日本人は集団主義的だ。

② 対比されるのは対等関係の物事

繰り返しになりますが、比べられる物事と物事は、対等関係でなければなりません。

悪い例

西洋の文化は、罪の文化と言われる。それに対して、日本人は、他者の視線を意識する。

良い例

西洋の文化は、罪の文化と言われる。それに対して、日本の文化は、恥の文化と言われる。

良い例

西洋人は、神様の視線を意識する。それに対して、日本人は、他者の視線を意識する。

対比する場合、文は左右対称になります。

主語においても述語においても、対等な関係にある物事を比べるべきです。悪い例を「神様の視線を意識する西洋人の文化は、罪の文化と言われる。それに対して、他者の視線を意識する日本人の文化は、恥の文化と言われる」と改善することもできます。

POINT

対比される物事は、対等関係でなければならない

DAY.03

37

表現

因果関係の表現法

1 原因と結果の関係

原因と結果には、時間差があります。原因が先で、結果が後です。

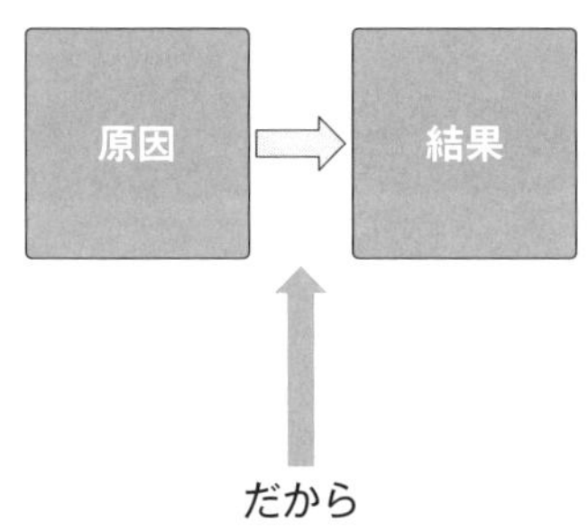

例

私は、人一倍の苦労をした。だから、他人の苦労を他人事とは思えない。

順序を逆に書く場合は「からである」を忘れないようにしましょう。

例

私は、他人の苦労を他人事とは思えない。なぜなら、人一倍の苦労をしたからである。
私は、他人の苦労を他人事とは思えない。というのは、人一倍の苦労をしたからである。
私が他人の苦労を他人事とは思えないのは、人一倍の苦労をしたからである。

注意しなければならないのは、順序が逆になっても「苦労した」のが時間的に先で、「他人事とは思えない」のが後だということです。結果を先に書くと、知らないうちに、原因と結果を逆転して考えてしまう可能性があります。

原因を先、結果を後に書くのがおすすめです。

例

努力した。だから、成功した。(原因→結果)
成功したのは、努力したからである。(結果←原因)
成功した。だから、努力したと言えるのだ。(原因→結果)

最後の例は「努力したと言える」のが成功した後なので、間違いではありません。次の例はどうでしょうか。

例

人間関係が苦手だから、バーチャルな世界に入り込む。
バーチャルな世界に入り込むから、人間関係が苦手になる。

どちらとも、間違いとは言えません。このように因果関係がはっきりしない場合、時系列を考えて、先に起きた事柄を原因とすべきです。

POINT

原因を先、結果を後に書くと、文章はすっきりする

DAY.03

38

表現

抽象と具体を意識する

1 抽象的な文章は、わかりにくい

具体例を入れることによって、文章は格段にわかりやすくなります。

- 抽象的⇒イメージしにくい⇒漠然としてわかりにくい
- 具体的⇒イメージしやすい⇒明確でわかりやすい

例 **共同幻想とは、多くの人が共有している幻想である。**

こうして直すとOK！

たとえば大学やブランドに価値があると人々が思っているように、多くの人が共有している幻想を共同幻想という。

例 **分析とは部分に分けることである。**

こうして直すとOK！

分析とは、たとえば水を酸素と水素に分けるように、部分に分けることである。

2 具体例で文章を終わらせない

具体例を入れる文章のパターンは、2つあります。

具体例を入れるパターン

1. 具体例→抽象
2. 抽象→具体例→抽象

最初や途中に具体例を入れるのはOKですが、最後が具体例で終わると、結論のない文章という印象を読み手に与えてしまいます。

悪い例

グローバル化が進み、世界は、国家の枠組みを超越して一つになりつつある。たとえば、スターバックスは世界中に存在する。

3 具体例から文章を書き出す方法

具体例から文章を書き出すと、インパクトがあり、わかりやすいです。

例 **既知の領域が増えると、未知の領域も増える。**

こうして直すとOK！

宇宙について知れば知るほど、宇宙の謎に気づかされる。あるいは、分子生物学の世界において生命について知れば知るほど、神秘性を感じる。このように既知の領域が増えると、未知の領域も増える。

POINT

具体例によって、抽象的な部分がわかりやすくなる

DAY.03

39

説明

「5W1H」は説明文の基本

① 5W1Hは新聞記事の基本

説明的な文章を書く上で、5W1H は基本的に意識すべきことです。たとえば、ニュースの原稿や新聞記事は下記の 5W1H を含むべきとされています。

Who（誰が）
What（何を）
When（いつ）
Where（どこで）
Why（なぜ）
How（どのように）

例

13 日午後 1 時頃、(When)
アクアライン下り線のトンネル内で、(Where)
バスがトラックに衝突し、16 人が重軽傷を負った。(What)
バスの運転手は、(Who)
トラックを追い越そうとして右のミラーを確認していたために、(Why)
トラックに近づきすぎたという。(How)

② 説明文にも５Ｗ１Ｈを取り入れる

例

彼は（Who）
ダイエットのため（Why）
毎朝（When）
自転車で（How）
自宅から会社へ（Where）
通勤している（What）

このように日常的に使う文章にも５Ｗ１Ｈを入れるとわかりやすい内容になります。

③ 目的に合わせて、５Ｗ１Ｈをほどよく入れる

文章に、５Ｗ１Ｈをいつもすべてを入れる必要はありません。

例

・彼は、自転車で通勤している。
（Who）（How）（What）
・彼は、ダイエットのため、自転車で通勤している。
（Who）（Why）　　　　　（How）（What）

「毎朝（When)」と「自宅から会社へ（Where)」は省略しても、意味は通じます。

POINT

５Ｗ１Ｈは説明の基本。ただし、文章にすべてを入れる必要はない

DAY.
04

第４日目

"印象を自由に操る"カンタンな方法

DAY.04
40
表現

ひらがなを使うと印象がやわらかくなる

1 硬い印象の文章は敬遠される

漢字を使いすぎると、読み手に重く硬い文章という印象を与えることがあります。次のような言葉は「ひらがな」にすることで、印象をやわらかくできます。

副詞

（予め）→あらかじめ　（余り）→あまり　（未だ）→いまだ
（全て）→すべて　（更に）→さらに　（必ず）→かならず
（余程）→よほど　（無論）→むろん　（生憎）→あいにく
（敢えて）→あえて

接続語

（然し）→しかし　（或いは）→あるいは　（又）→また
（即ち）→すなわち　（若しくは）→もしくは

その他

（程）→ほど　（毎）→ごと　（に於いて）→において
（に過ぎない）→にすぎない　（の為）→のため
（出来る）→できる　（と言う）→という　（共に）→ともに
（～等）→～など　（訳）→わけ　（構わない）→かまわない
（して下さい）→してください　（して欲しい）→してほしい
（有難う）→ありがとう

2 漢字とひらがなを使い分ける

場合によって、漢字とひらがなを使い分けるべき言葉もあります。

事⇔ことを使い分ける例

全力で事に当たる必要がある。(具体的な出来事や事件)
人生には、苦しいことも楽しいこともある。(抽象的な事柄)

物⇔ものを使い分ける例

物には色と形がある。(具体的な物質)
ものには順序がある。(抽象的な存在)

時⇔ときを使い分ける例

朝目覚めた時、気温は氷点下だった。(特定できる時間や時期)
緊急のときは、この電話番号に電話してください。(場合)

具体的に特定できる場合には、漢字を使うのが一般的です。抽象的で漠然とした場合には、ひらがなを使います。読み手の受ける印象を意識して使い分けてください。

POINT

文章が硬くなる人は、漢字をひらがなに変えてみる

DAY.04
41
表現

大和言葉で、やわらかい印象を与える

① 大和言葉は、日本人にとって親しみやすい

例

春夏秋冬

音読み⇒（しゅんかしゅうとう）　漢語の読みに基づく漢字の読み方
訓読み⇒（はるなつあきふゆ）　本来の日本語で読む漢字の読み方

２つの読み方を比べれば、訓読みをした方が、素直に言葉が入ってくると思います。大和言葉とは日本固有の言葉で、漢字の場合、訓読みしたときの言葉のことです。漢語は硬い印象を与えるのに対し、大和言葉は日本人にとって、やわらかく親しみやすい印象を与えます。

漢語を残した例

驟雨（しゅうう）への遭遇を危惧し、外出を躊躇（ちゅうちょ）した。

大和言葉を使った例

にわか雨に降られるのをおそれ、外へ出るのをためらった。

漢語を残した場合、読み手は「驟雨」「遭遇」「危惧」「躊躇」の意味を、その場で考えなければなりません。大和言葉を使うと、その必要がなくなるため、わかりやすくなります。

漢語	読み	意味
驟雨	しゅうう	にわか雨
躊躇	ちゅうちょ	ためらう
摂取	せっしゅ	とりこむ
陰翳	いんえい	かげ・かげり
嘆息	たんそく	嘆いて、ため息をつく
揶揄	やゆ	からかう
畏敬	いけい	おそれ、うやまう
思考	しこう	おもい、かんがえる

2 訓読みは、説明になる

熟語は音読みを訓読みにするだけで、意味の説明になります。たとえば「学習」は「まなび、ならう」と読め、これだけで意味を理解できます。

訓読みで読む大和言葉を使う文は、説明が同時になされている文なのです。

- 漢語⇒文章を短くできる反面、硬い印象を与える
- 大和言葉⇒文章が長くなる半面、やわらかい印象を与える

大切なのは、漢語と大和言葉とのバランスです。文を引き締めたい場合は漢語を入れ、やわらかくしたい場合は、大和言葉を使いましょう。

POINT

訓読みを使う大和言葉は、意味がわかりやすい

DAY.04
42
表現

カタカナの外来語を適度に入れる

1 カタカナの外来語は、ほどよく入れる

カタカナの外来語は、多すぎると軽くなり、わかりにくい文章になります。しかし、まったく使わないと重い印象を与えます。ほどほどに使うべきです。

悪い例

CSRは、メセナやフィランソロピーと違い、ステークホルダーを意識したコンプライアンスやコーポレートガバナンスを含む。CSRの推進には、ステークホルダーとのコミュニケーションが大切であり、ステークホルダー・エンゲージメントの実践とガイドラインの制定が求められている。

悪い例

企業の社会的責任は、単に文化・芸術活動の支援や慈善活動を行うこととは違い、企業の利害関係者を意識した法令遵守、企業統治にも及ぶ。企業が社会的責任を果たすためには、利害関係者との意思疎通が大切であり、利害関係者による経営への参画の実践と指針の制定が求められている。

あえて同じ字数で言い換えてみましたが、どちらの文章も、わかりにくいです。軽すぎず、かといって、重すぎもしない文章を書くには、適度にカタカナ語を入れる必要があります。

良い例

企業の社会に対する責任の範囲は、文化や芸術活動を支援したり、慈善活動を行ったりすることだけでなく、ステークホルダー、すなわち利害関係者を意識して法を守ったり、企業を統治したりすることにも及んでいる。企業が、社会的責任を積極的に果たすためには、ステークホルダーとのコミュニケーションが大切であり、企業の経営にステークホルダーも実際に参加すること、また参加する際の指針を定めることが求められている。

ステークホルダーとコミュニケーションだけ残してみました。分量は増えましたが、軽すぎず、重すぎない文章になったと思います。

カタカナ語を入れた方が良いとき

❶ 日本語の訳語がない、あるいは、定着していないとき

（例）マトリックス

❷ 言葉自体を読み手に伝えたいとき⇒説明しつつ入れる

（例）ステークホルダー（利害関係者）は、～

（例）ステークホルダー、すなわち利害関係者は、～

❸ カタカナ語の方が自然と思われる場合

（例）コンピュータウイルス

POINT

「漢字」「カタカナ」「ひらがな」を入れるバランスは見た目を基準にして考える

DAY.04

43

表現

決まりきった表現は使わない

1 ありふれた表現に頼らない

決まりきった表現のことをステレオタイプや常套句、あるいは紋切り型と言います。手垢のついた表現とも言いますが「手垢のついた」という言い方も、一種のステレオタイプです。

ステレオタイプは、読み手からすると、ありふれていて平凡な表現に見えます。したがって、できる限り使わないようにすべきです。

悪い例

試合が終わった。敗者の目には、大粒の涙。スポーツは、筋書きのないドラマだと思う今日この頃である。

本当に涙が「大粒」だったのでしょうか。自分の言葉で述べているとは思えない文章です。また「筋書きのないドラマ」「今日この頃」という言い方もありふれていて、借り物の文という印象を与えてしまいます。

悪い例

ライブへ行くのを、首を長くして待っていたので、アーティストが登場した時には、天にも昇るような気持ちになった。

読み手としてはうんざりしてしまう文章のひとつです。

ステレオタイプの言葉の変換例

- 雪のような肌→白い肌
- リンゴのような頬→赤い頬
- 白魚のような手→白い手
- 水を打ったような静けさ→静まりかえっている様子
- 竹を割ったような性格→さっぱりとした性格
- バケツをひっくり返したような雨→集中豪雨
- 砂をかむような思い→つまらない思い
- 思い出が走馬灯のように駆け巡る→過去のことを次々と思い出す
- 頭を抱える→考えこむ
- がっくりと肩を落とす→落胆してうなだれる
- 唇をかむ→くやしがる・怒りをこらえる
- 開いた口がふさがらない→あきれ果てて何も言えない

2 借り物ではない自分の文章を書く

慣用表現は大切な先人の知恵です。それらをまったく使わないで文章を書くことは不可能です。

しかし、最初のうちは新鮮な表現でも、時間が経って多くの人に使われていくうちに、ありきたりの表現になることがあります。

しっかりと自分で言葉を選ぶ習慣をつけましょう。

POINT

紋切り型は聞こえはいいが、読み手に響かないことが多い

DAY.04
44
表現

余計な前置きはいらない

1 前置きは無駄

タイトルやテーマを文章の最初で繰り返す必要はありません。
「私の周囲の思いやりのある人」という題を与えられた場合を考えてみましょう。

悪い例
思いやりとは、辞書によると、他人の立場になって親身に考えること、あるいは、その気持ちだという。そのような思いやりのある人が、私の周囲にいるのだろうかということを、この文章の中で考えていきたいと思う。

「思いやり」が、2回繰り返されています。「辞書によると」も、多くの人がやってしまうパターンです。
「この文章の中で考えていきたい」も、すでに題を与えられて書いているのですから不要です。

良い例
他人の立場になって親身になれる人が、私の周りにいるのだろうか。

これで十分です。

② 読み手がわかっていることを書く必要はない

「異文化理解において大切なこと」という題を与えられた場合です。

悪い例

異文化理解において大切なことは、三つあります。今回はその理由を三つに分けて述べてみたいと思います。一つには、異文化理解において自分の文化の常識を押し付けないこと。二つには、異文化の多様性を尊重すること。三つには、異文化によって自分たちの文化を相対化することです。

上の文章のいらない部分を削ると下記のようになります。

良い例

異文化理解において大切なことは、三つです。一つには、自分たちの文化の常識を押し付けないこと。二つには、多様性を尊重すること。三つには、自分たちの文化を相対化することです。

文章の出だしに前置きを書くことによって、丁寧に書き出そうとしているのかもしれませんが、読み手の立場からすると、単なる字数稼ぎ、あるいは、もったいぶった文章に見えてしまいます。

POINT

単刀直入に本題に入るのも手段のひとつ

DAY.04

45

表現

書き出しは短い文から

1 書き出しで悩んだら、短い文で書いてみる

故障して止まっている車を押すときは、最初が重いものです。しかし、動き出してしまえば、後はそれほど苦労しません。文章にも同じことが言えます。

書き出しに力が入ってしまい、なかなか書けないことはないでしょうか。そのようなときは思い切って、10～20字前後の短い文章で書き出してみましょう。

短い文章の書き出し例

- **長い片思いだった。**
- **スポーツにおいて人間は限界に挑む。**
- **昨日うぐいすの鳴き声を聴いた。**
- **一人の男が訪ねてきた。**
- **リーダーは心して選ぶべきだ。**
- **海は荒れていた。**
- **ボストンは冬である。**
- **夢を語ることは素晴らしい。**
- **運命は存在する。**

何か、ストーリーが始まる予感はしませんか。

② 話題の中心になる物事を最初に書く

最初に短い文で述べるのは、テーマの中心になる物事にすべきです。そこから、文章をつなげていけば良いのです。

悪い例

スポーツにおいて人間は限界に挑む。
F1は、人間が機械とともに限界に挑むスポーツである。
ホンダが、再びF1エンジンの開発を始めたという。
技術立国日本の威信をかけて、人も車も限界に挑んでほしい。

良い例

長い片思いだった。
小学校、中学校、高校の計12年、見続けていた。
メールも交わしたし、話もたくさんした。
でも、私がどう彼の眼に映っているか、わからなかった。

良い例

昨日うぐいすの鳴き声を聴いた。
桜はもう満開である。
開花がいつになく早いのは、寒暖差のためらしい。
自然の営みが、桜を揺り起こす。

POINT

書き出しに悩んだら、10～20字程度のシンプルな文で始める

DAY.04

46

表現

曖昧な表現を避ける

1 自信のなさを感じさせる曖昧な表現

悪い例

このままでは、天然資源が枯渇してしまうかもしれない。日本人は、環境への意識を高めるべきではないだろうか。

文章の前半ならば、問題提起とも取れます。その場合はOKです。しかし、後半で「かもしれない」や「だろうか」という曖昧な表現を使うと、読み手は、書き手に自信がないのだと感じます。

「かもしれない」という推量表現は、場合によっては、そうではないかもしれないので、ほとんど意味がありません。また、文末で「だろうか」と疑問を投げかけられても、読み手は困ってしまいます。読み手は、書き手の意見を知りたいのです。

良い例

このままでは、天然資源は枯渇する。日本人は、環境問題への意識を高めるべきである。

もちろん、すべて断定できるわけではありません。しかし、意見を述べるときは、断定で書いた方が自信を感じさせます。

② 様々な推量表現

● 確率が、ほとんどゼロから、高い場合まで⇒かもしれない

（例）隕石が大都市に落ちてくるかもしれない。（確率は低い）
（例）夫の眼差しは、愛情表現だったのかもしれない。（確率は高い）

● かなり確信を持って推量する場合⇒に違いない、はずだ

（例）彼の実力ならば、結果を出すに違いない。（確率は高い）
（例）順調にいけば、来週退院できるはずだ。（確率は高い）

「かもしれない」は、確率がほとんどゼロの場合にも使うので、文章中には、できるだけ入れない方が良い表現です。もし断定できないけれども、かなりの確率でありうることを述べたかったら、文末を「に違いない」か「はずだ」にすると良いでしょう。

例

今後は「持続可能性」が、一般人の間でもキーワードになるに違いない。

POINT

曖昧な表現は適切な推量、または断定表現にする

DAY.04
47
表現

受け身の文の場合主語が曖昧になる

① 受け身の場合、責任の所在が曖昧になる

悪い例

教室で問題視されているのは、生徒の自己中心的な行動である。その問題が解決されれば、教室は、社会生活を学ぶ場になると言われている。

この文章では、「誰が、生徒の自己中心的な行動を問題としているのか」「誰が、その問題を解決するのか」「誰が、その問題の解決によって教室が社会生活を学ぶ場になると述べているのか」がわかりません。受け身の形で文章を書くと、主語を省略するため、責任の所在がわからなくなってしまいます。

良い例

私は、教室における生徒の自己中心的な行動を問題視している。クラスの一人ひとりが、この問題を解決すれば、教室は社会生活を学ぶ場になると、私は考えている。

この文の場合、生徒の自己中心的な行動を問題としているのは「私」、問題の解決を目指すのは「クラスの一人ひとり」、問題の解決によって教室が社会生活を学ぶ場になると述べているのは「私」です。

2 受け身の形を能動態に変換する

能動態にすると、主語も責任の所在も明確になります。

受動→能動への変換例

- ～と思われる。⇒主語は、～と思う。
- ～とされる。⇒主語は、～とする。
- ～と考えられる。⇒主語は、～と考える。
- ～と言われている。⇒主語は、～と言う。

悪い例

温泉町復活の最後の手段とされているのは、共通入浴券の発行だと考えられます。これが町内のすべての温泉で利用されるなら、湯治場としての魅力も高まり、観光客を呼び込めると思われます。

良い例

温泉町復活の最後の手段は、共通入浴券の発行だと、私は考えています。観光客が、町内のすべての温泉で共通入浴券を利用するなら、温泉町は、湯治場としての魅力を高め、観光客を呼び込めます。

受け身で文章を書きそうになったら、能動態に変更できないか意識することです。

POINT

受け身の文章は、能動態にすると意味がはっきりする

DAY.04
48
表現

翻訳調の文章にしない

1 外国語を直訳したような文

翻訳調とは、英語などの外国語を日本語に直訳したような表現です。読み手は不自然な印象を受けるため、良い文とは言えません。自然な日本語で書きましょう。

例 **忘れることのできない思い出となるべきところの旅行で、事件は起きた。**

こうして直すとOK！

忘れることのできない思い出となるはずの旅行で、事件は起きた。

例 **上司と部下が、意見交換の場を持った。**

こうして直すとOK！

上司と部下が、意見交換した。

例 **失敗の原因は、過信以外の何物でもない。**

こうして直すとOK！

失敗の原因は、過信である。

2 漢語調もできるだけ使わない

論文やビジネス文など、公的で改まった文の場合、格調高い漢語を使うこともあります。しかし、それほど改まった文でなければ、仰々しい印象があるため、わかりやすい大和言葉に変換すべきです。

漢語をわかりやすく言い換えた例

- 換言すれば→言い換えれば
- 薫風(くんぷう)→さわやかな初夏の風
- 漸次(ぜんじ)→しだいに
- 若干→いくらか
- 逐次→次々に
- 当該(とうがい)→それに関係があること
- 嘲笑(ちょうしょう)→ばかにして笑う
- 購買→買う
- 諦観(ていかん)→あきらめる

時に漢語調を使うと、文章は引き締まり格調高く見えます。

しかし、読み手のことを考えた場合、やさしい和語、すなわち、大和言葉を使うべきです。

POINT

翻訳調・漢語調は文章が硬い雰囲気になる

DAY.04

49

表現

接続語を省く

1 接続語を入れるか入れないか

接続語を入れた方が良い場合と、省略しても良い場合があります。

- 論理性が求められている場合⇒接続語は入れたほうが良い
- 論理性が求められていない場合⇒接続語は省略しても良い

接続語を使用した例

最近ストレスがたまっています。なぜなら、仕事が忙しいからです。したがって、気分転換が必要です。たとえば、買い物をするのも気分転換になります。しかも、外に出るので季節を感じることもできます。そして、大切なのは、このような何気ない日常に幸せを感じることだと思います。

接続語を省略した例

最近ストレスがたまっています。仕事が忙しいからです。気分転換が必要です。買い物をするのも気分転換になります。外に出るので季節を感じることもできます。大切なのは、このような何気ない日常に幸せを感じることだと思います。

改行すると、さらにすっきりとします。

例

最近ストレスがたまっています。
仕事が忙しいからです。
気分転換が必要です。
買い物をするのも気分転換になります。
外に出るので季節を感じることもできます。
大切なのは、このような何気ない日常に幸せを感じることだと思います。

DAY.04

小論文など、はっきりと論理性が求められている場合は、接続語を積極的に入れるべきです。一方、ブログやメールの場合、接続語を入れすぎると、硬くて少々くどい印象になります。

読み手が、厳しい論理性を求めているわけではなく、感覚的に読むことが予想されるときは、接続語を省略した方が、やわらかな印象を与えます。

下記のケースも省略できるかできないかをを判断する材料として覚えておきましょう。

- 順接の接続語⇒時系列に沿って書かれた文の場合、省略しやすい
- 逆接の接続語⇒前後の展開が変わるために、省略しにくい
- なぜなら⇒後ろの文に「から」が入っていれば省略できる

省略できるかできないかを意識しつつ文章を書くことが大切です。

POINT

接続語を省略した方が、すっきりしてリズムも良くなる

DAY.04
50
表現

「という」を省略する

1 「という」を省略できるケース

次のような場合「という」を省略できます。ビジネスシーンにおける文では、そぎ落とした方がすっきりとした文になります。

例 **流行というものは、いつか終わるものだ。**

↓

流行は、いつか終わるものだ。

例 **リスクマネジメントということを考えねばならない。**

↓

リスクマネジメントを考えねばならない。

例 **人間という存在は、罪深い存在である。**

↓

人間は、罪深い存在である。

例 **美味しい料理というのは、人を感動させる料理だ。**

↓

美味しい料理は、人を感動させる料理だ。

上記の例文の場合「という」の後の「もの」「こと」「存在」、そして体言に相当する「の」も、同時に省略できます。

次は「という」だけを省略できる例です。

例 **音楽が好きではないという人は、少ないはずだ。**

↓

音楽が好きではない人は、少ないはずだ。

例 **彼は、仕事を楽しめるという境地に達している。**

↓

彼は、仕事を楽しめる境地に達している。

一方、下記のように「という」を省略できないこともあります。

・欲望という名の電車
・教師という仕事
・正直者という噂
・10 億分の 1 というナノの世界
・今日という今日

「という」には、言い換え、婉曲、伝聞、引用、強調などの意味があります。省略しても文が成立する場合は、省いてかまわないでしょう。

POINT

省いても文が成立する場合、「という」を削る

DAY.04
51
表現

「的」の使い方に気をつける

1 「的」をつける場合、つけない場合

● 抽象的な漢語＋「的」⇒ OK

抽象的な意味を表す漢語に「的」がつくのが一般的です。

例

具体的・抽象的・主観的・客観的・一般的・悲劇的・病的・合法的・平和的・美的・公的・私的・科学的・政治的・現実的・非現実的・映像的・機械的・人工的・比較的・感情的・精神的・心理的・時間的・空間的・効率的・部分的・全体的・積極的・消極的……

● 具体的な言葉＋「的」⇒ NG

最近では、具体的な言葉に「的」をつけたり、和語に「的」をつける用法も会話では見られるようになりました。しかし、文章の中では避けるべきです。

例 **自分的には、プロジェクトに自信を持っている。**

↓

私としては、プロジェクトに自信を持っている。

● 和語＋「的」⇒ NG

例 **気持ち的に納得できない。**

↓

私の気持ちとしては、納得できない。

● カタカナ語＋「的」⇒ NG

例 **サイズ的には、大丈夫だ。**

↓

サイズは、大丈夫だ。

まとまった文章を例に見てみましょう。

悪い例

このタワーマンションは、広さ的には十分だ。また、間取り的にも、よく考えられている。購入を検討しようと思う。

良い例

このタワーマンションは、広さは十分だ。また、間取りも、よく考えられている。購入を検討しようと思う。

POINT

具体的な言葉に「的」はつけない

DAY.04

52

表現

「すること」は省略できる

1 省略できる「すること」

例 後悔することが、成長につながるとは限らない。

↓

後悔が、成長につながるとは限らない。

例 検査することによって、安全性を確保している。

↓

検査によって、安全性を確保している。

例 早起きすることは、私にとって基本的な習慣だ。

↓

早起きは、私にとって基本的な習慣だ。

例 攻撃することは、最大の防御だという。

↓

攻撃は、最大の防御だという。

例 問題点を明らかにするためには、討論することが必要だ。

↓

問題点を明らかにするためには、討論が必要だ。

例 **昇進のためには、資格を取得することが必要だ。**

↓

昇進のためには、資格の取得が必要だ。

2 省略できない「すること」

例

自然の中でのんびりすることが、いちばん贅沢なことだ。
私は、わくわくすることを探し求めている。
ストレスの原因は、いらいらすることです。

3 省略できる「すること」とできない「すること」の違い

後悔、検査、早起き、攻撃、討論、取得など、名詞の後の「すること」は省略できます。

一方「のんびり」「わくわく」「いらいら」など、副詞の後の「すること」を省略すると不自然になります。

POINT

名詞のあとの「すること」は、省略可能

DAY.04

53

助詞

「で」に頼らない

1 様々な意味を持つ「で」

「で」を具体的に言い換えると、読み手に伝わりやすくなります。

例 **会議で発言する。（場面）**

↓

会議において発言する。

例 **車で移動する。（手段）**

↓

車を使って移動する。

例 **情報を収集することで、満足している。（手段）**

↓

情報収集によって、満足している。

例 **そのシャツは、シルクで作られている。（材料）**

↓

そのシャツの材料は、シルクである。

例 **前方不注意で事故を起こしそうになった。（原因）**

↓

前方不注意のため事故を起こしそうになった。

例 **雪で電車が止まった。(原因)**

↓

雪のため電車が止まった。

例 **素足で歩く。(状態)**

↓

素足の状態で歩く。

例 **一年で完成させる。(期限)**

↓

一年以内に完成させる。

例 **組織で取り組むことが大切だ。(動作の主体)**

↓

組織が主体となって取り組むことが大切だ。

読み手は「で」の意味を推測して文を読んでいます。読み手が推測しなくて良い文章を書くことは、文章をわかりやすくするための方法の1つです。

POINT

「で」の意味を考えて、書き換える

DAY.04

54

助詞

「で」と「に」を区別して使う

1 場所を表す「で」と「に」

- 「で」⇒動作が行われる場所を示す
- 「に」⇒何かが存在する場所を示す

次の文章を比べてみましょう。

例

代官山でバッグを買った。（バッグを買った場所）
代官山にバッグを買った。（この文は意味が通りません）
代官山に土地を買った。（土地が存在する場所）
代官山で土地を買った。（取引をした場所が、代官山になります）

例

公園でボールを蹴る。（ボールを蹴っている場所が公園）
公園にボールがある。（ボールが存在する場所が公園）
公園にボールを蹴る。（ボールが向かう方向が公園）

最後の例文の「に」は、明確な方向性を示す「に」です。

❷ 期限を示す「で」、時点を示す「に」

- 「で」⇒その時までと定められている期限を示す。
- 「に」⇒時間の流れの上の、ある時点を示す。

次の２つの文章を比べてみましょう。

例

図書館は20時で閉館です。（20時まで開いています）
図書館は20時に閉館です。（20時ちょうどに閉館します）

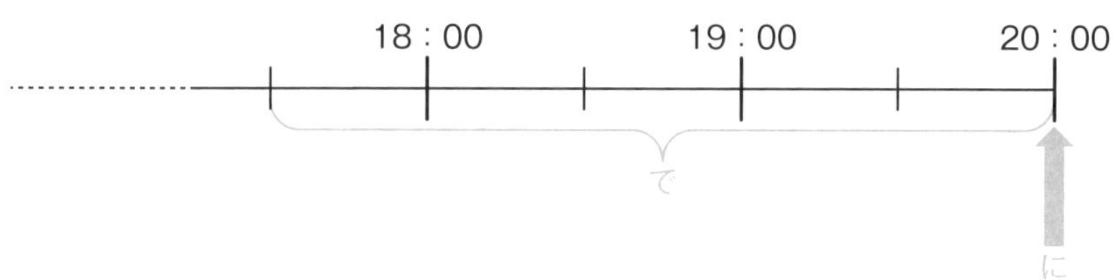

したがって、開館時間に関しては、次のようになります。

例

図書館は9時で開館です。（閉館している時間を意識しています）
図書館は9時に開館です。（開館する時間を意識しています）

POINT

場所、期限、時点を意識して「で」と「に」を使い分ける

DAY. 05

第5日目

“心に響く文章”は、こう書く

DAY.05
55
表現

おおげさな言葉を多用しない

1 おおげさな表現は、読み手を興ざめにする

悪い例

旅行で行ったイタリアは、どこもかしこも風景が、ものすごくきれいで、とても感動しました。料理もすべて美味しかったし、イタリアの人達も非常に親切で、今までの人生の中で、最高の経験ができました。

この文章の中の「どこもかしこも」「ものすごく」「とても」「すべて」「非常に」「今までの人生」「最高の」という表現が、おおげさです。

本人がおおげさに感動を述べるほど、読み手は冷めてしまいます。

2 具体的に描写する

読み手に感動を伝えるためには、「感動した」とおおげさに述べるのではなく、具体的に状況を述べるべきです。

イタリアのどこの風景が、どのような時間に美しかったのか、都市なのか、農村なのか。どの料理がおいしかったのか、メインなのか、デザートなのか。そして、親切なイタリア人は何をしてくれたのか。具体的に目に浮かぶように書くことによって、読み手に感動が自然と伝わります。

悪い例

私は周囲へ配慮することを絶対に心がけています。私の所属するゼミでは真剣なディベートをしましたが、その中で私は常に人の話を聞き、全員が本当に発言しやすい空気を作りました。私は、人が嫌な気持ちにならない言葉づかいを選び、ディベートの本質を極めました。社会に出ても、人との関わりが何よりも大切だと思います。これからも周囲に配慮した言動を絶対に心がけていきたいと思います。

悪い例

私は、事前に何冊もの本を読み、どんな質問にも答えられるように完全な準備をし、何度も何度も練習してから事に臨むほど、慎重な人間です。

悪い例

私は、資格を取るための勉強が、途中で本当に辛くてやめたい時もありましたが、誰にも負けない気力で乗り越え、試験にも無事合格しました。

おおげさな表現を削除しても、文章は成り立ちます。自己PRなので、力が入るのでしょう。しかし、自分を誇張せず、ありのままに表現した方が、読み手は好感を持ちます。

POINT

誇張した表現は、具体化するか削除する

DAY.05

56

表現

過去形の中に現在形を入れる

1 現在形を過去形に混ぜることで、変化をつける

現在のことを書くときは現在形で統一し、過去のことを書くときは過去形で統一する決まりを「時制の一致」と言います。

日本語の場合、時制の一致は厳密ではありません。あまり厳格に時制の一致を意識すると、かえって不自然な文章になります。

悪い例

昨年マラソンに参加した。人波の中で同僚らに出会った。話すと皆同じ思いを持っていた。マラソンでしか見えない風景があったのだ。その後、サークルを結成した。自分がリーダーを引き受けた。メンバーの中で、マラソンに対する考え方に違いはあった。レースを極めたい人。マイペースで行きたい人。私は、考え方も楽しみ方も人の数だけあるのだと感じた。

良い例

昨年マラソンに参加した。人波の中で同僚らに出会った。話すと皆同じ思いを持っている。マラソンでしか見えない風景があるのだ。その後、サークルを結成した。自分がリーダーを引き受けた。メンバーの中で、マラソンに対する考え方に違いはある。レースを極めたい人。マイペースで行きたい人。私は、考え方も楽しみ方も人の数だけあるのだと感じた。

文末がすべて過去形の場合、単調な印象を与えます。実は、最初と最後が過去形なので、読み手は、書かれているのは過去のことだとわかります。その上で途中に現在形を入れると、臨場感が出て文章に変化をつけられます。

悪い例

私は、本社の次長を任されていた。定年まで、今のレールの上を行くのが穏当な人生だと思っていた。だが、それをさびしいと思う自分もいた。マニュアルのない世界で一から積み上げた仕事がしてみたかった。自分が求めているのは、安定よりもチャレンジだった。そんな時、新しいプロジェクトが発表された。参加者希望の公募が始まった。天の配剤だと思った。

良い例

私は、本社の次長を任されていた。定年まで、今のレールの上を行くのが穏当な人生だと思っていた。だが、それをさびしいと思う自分もいる。マニュアルのない世界で一から積み上げた仕事がしてみたい。自分が求めているのは、安定よりもチャレンジだ。そんな時、新しいプロジェクトが発表された。参加者希望の公募が始まった。天の配剤だと思った。

POINT

過去形の文の間に現在形を入れると、臨場感が出る

DAY.05

57

表現

比喩表現を使う

1 比喩表現

比喩とは、何かを説明するのに他のものにたとえて表現することです。比喩には、大きく分けて次の2つの方法があります。

- 直喩⇒比喩であることを読み手に明示する方法
（Aは、まるでBのようだ）
（BのようなA）
- 隠喩⇒比喩であることを読み手に明示しない方法

比喩の例

その雲は、まるでソフトクリームのようだった。（直喩）
ソフトクリームのような雲（直喩）
その雲は、ソフトクリームだった。（隠喩）
ソフトクリームの雲（隠喩）

小説では、隠喩が使われますが、実用的な文章の場合、わかりやすく書くのが目的です。ですから、比喩表現を使うとしても、直喩にした方が良いでしょう。わかりにくいこと（A）を、わかりやすいもの（B）にたとえるのがポイントです。

② 比喩表現は共通性によって成立する

比喩表現を成立させるためには、コツがあります。

たとえられるものごと（A）と、たとえるもの（B）には、共通性があります。したがって、共通性さえあれば比喩表現は可能です。

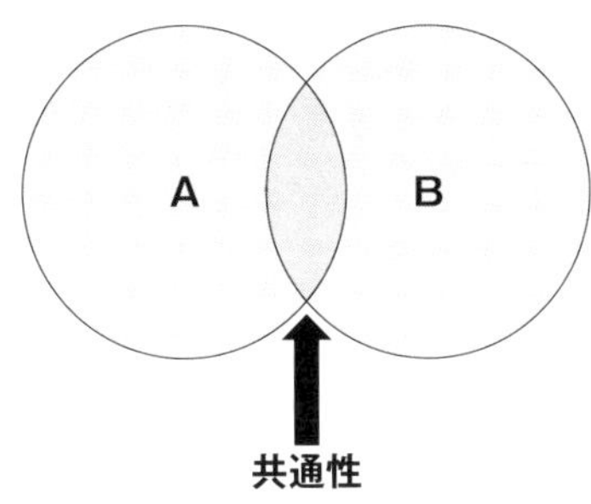

例

現代人は、情報をシャワーのように浴びている。

情報とシャワーの間には、受け身にならざるを得ないという共通性があるので、比喩が成立します。

POINT

比喩表現は、共通項がある2つの言葉を見つけることから始める

DAY.05

58

表現

感性に訴えかける方法

1 読み手の心に訴えかける

論理性は大切ですが、あまりに理屈っぽい文章では、読み手の心をつかむことができません。時には、読み手の心に訴えかけるのも、言いたいことを伝えるための有効な方法です。

悪い例

日本語には、他の言語にはない独特の美しさがある。日本語を読み、日本語で書き、日本語で思考するということは、このような日本語の美しさを味わうことでもある。

良い例

日本語には、他の言語にはない独特の美しさがある。その美しさは、大和言葉の響きを聴いたときに感じられる。

黄昏を「たそがれ」、東雲を「しののめ」と訓で読むとき、その音の響きも想起される情景も、ともに美しい。

日本語を読み、日本語で書き、日本語で思考するということは、このような日本語の美しさを味わうことでもある。

具体例として「たそがれ」や「しののめ」という実際に美しい響きを持つ言葉を列挙することによって、相手の心に訴える方法です。

悪い例

日本人は、自然を時の流れとして捉える。

このままでは、読み手の心には響きません。

良い例

日本人は、自然を時の流れとして捉える。桜を見れば、花吹雪に目を奪われるし、花火を見れば、消えていく様子に心を魅かれる。灯籠(とうろう)流しも大文字の送り火も、変化していく様子に無常を感じる。はかないからこそ、美しいのである。そこには、自然を流れ去るものとして捉え、移ろいゆくものに美しさを感じる、日本人特有の感性がある。

「花吹雪」「花火」「灯籠(とうろう)流し」そして「大文字の送り火」という具体例によって、読み手は、映像を思い浮かべやすくなります。情景を目に浮かべると同時に、感覚的にも共感してくれるはずです。

理屈だけの文章は、論理的には正しくても、読み手を共感させるとは限りません。時には、読み手の感性に訴えかけてみましょう。

POINT

情景をイメージしやすい具体例によって感情に訴えかける

DAY.05

59

表現

言葉の順序を入れ替え伝えたいことを強調する

① 日本語は、最後に伝えたいことがくる

英語の場合、文の最初に大切なことが述べられますが、日本語の場合、文の最後に伝えたいことが述べられます。

例

仕事は大切だが、私は趣味の時間を重視している。
私は趣味の時間を重視しているが、仕事は大切だ。

順序を入れ替えた結果、言いたいことが変わりました。このような日本語の性質を利用して、自分の述べたいことを文の最後に持ってくれば、伝えたいことを強調することができます。

例

彼は、ダイエットのため、自転車で通勤している。
ダイエットのため、自転車で通勤しているのは、彼だ。
彼が自転車で通勤しているのは、ダイエットのためだ。
彼がダイエットのため通勤に利用しているのは、自転車だ。

最初の例文では「自転車で通勤している」（What）ことが述べられていますが、語順を変えると「彼」（Who）、「ダイエットのため」（Why）、「自転車」（How）というように、強調していることが変わります。

② 5W1Hの中で強調したいことを、文の最後に持ってくる

５Ｗ１Ｈについては既に述べましたが、文章の終わりに強調したい要素を持ってくると意図が伝わりやすくなります。

Who（誰が）
What（何を）
When（いつ）
Where（どこで）
Why（なぜ）
How（どのように）

例

枝垂れ桜が満開の夕暮れ、円山公園で、二人は再会した。
(what の強調)
円山公園で二人が再会したのは、枝垂れ桜が満開の夕暮れだった。
(when の強調)
枝垂れ桜が満開の夕暮れ、二人が再会したのは、円山公園だった。
(where の強調)

このように何を強調したいかによって、文章の形が変わります。

POINT

主張を文の最後に持ってくることによって、強調できる

DAY.05

60

表現

様々な感情表現を使う

1 喜怒哀楽を別の表現にしてみる

たとえば、悲しい気持ちを表現するときに「悲しい」ではなく、それ以上に適切な別の表現はないか探すことによって、表現力がつきます。

悲しみを示す表現の例

痛恨の思い・身を切られる思い
悲壮な決意・悲愴な気持ち・沈痛な面持ち
傷心・切なさ・遣る瀬無さ(やるせなさ)・悲哀・もの悲しさ
寂しさ・うら寂しさ・うら悲しさ・侘しさ(わびしさ)・物憂さ・哀愁
哀感・感傷的な気持ち・哀惜(あいせき)・哀悼・追悼・哀切
胸が痛む思い……

嬉しさを示す表現の例

心地よさ・快さ・浮き立つ気持ち・心のときめき
幸福な気持ち・上機嫌・ご機嫌・めでたい気持ち
有頂天な気持ち・喜ばしい気持ち
ありがたいと思う気持ち・夢心地
満足・満喫・愉悦(ゆえつ)・悦楽(えつらく)・至福・歓喜・満悦(まんえつ)
夢見心地・目頭が熱くなる気持ち……

怒りを示す表現の例

いらだち・立腹

憤慨（ふんがい）・私憤（しふん）・公憤（こうふん）・義憤（ぎふん）・悲憤慷慨（ひふんこうがい）

悪感情・恨み・怨念・業腹（ごうはら）

腹の虫が治まらない・反感・憤懣（ふんまん）

激怒（げきど）・激昂（げきこう）・憤激（ふんげき）

はらわたが煮えくり返る

頭にくる・頭に血がのぼる……

やさしさを示す表現の例

温和・温厚・穏やかさ

思いやりのある・おとなしさ・柔順

気立てのよさ・しとやかさ・たおやかさ

慈愛（じあい）・慈しみ・親切・親身・情け深さ・温情

優美・繊細・癒し……

このように、その時の感情を適切な言葉で表現しようとすることによって、ボキャブラリーも増えます。

POINT

感情表現の類語を意識して探すことで表現力がつく

DAY.05

61

因果

「ので」と「から」を使い分ける

1 理由を表す「ので」と「から」

原因・理由を表す「ので」と「から」には、違いがあります。

- 客観的な因果関係の場合⇒ので
- 主観的な因果関係の場合⇒から

例

液状化しているので、この地区は危険だ。(客観的事実)
料理が美味しいから、その店に通っている。(主観的感想)

したがって、次のような文章は不自然なので、直すべきです。

例 **下記の住所に転居しましたから、ぜひ一度お越しください。**

こうして直すと OK!

下記の住所に転居しましたので、ぜひ一度お越しください。

例 **明日は雨だと思うので、今のうちに洗濯をしておいた。**

こうして直すと OK!

明日は雨だと思うから、今のうちに洗濯をしておいた。

最初の例は客観的事実のため、「ので」が適切。2番目の例は主観的意見なので、「から」になります。

もし「から」か「ので」で迷ったときは、次の基準で決めましょう。

- 客観性を主張したい場合⇒「ので」を使う
- 主観性を主張したい場合⇒「から」を使う

例

プライベートな時間が大切なので、仕事は定時に終わらせる。
プライベートな時間が大切だから、仕事は定時に終わらせる。

プライベートな時間が大切だということを、客観的な事実として認めてほしいと思うときは「ので」が適切です。一方、プライベートな時間を主観的に大切にしていると述べたいときは、「から」が適切です。

普段、無意識に使い分けている「ので」と「から」ですが、意識して使い分けることによって、文章の精度を高めることができます。

POINT

客観的な事実→「ので」　主観的な思い→「から」

DAY.05

62

因果

「おかげ」「せい」「ため」を使い分ける

1 因果関係を示す「おかげ」「せい」「ため」

「おかげ」「せい」「ため」には、違いがあります。

- 原因（恩恵）⇒結果が＋の場合⇒「おかげ」
- 原因（影響）⇒結果が－の場合⇒「せい」
- 原因（影響）⇒結果が＋もしくは－の場合⇒「ため」

例

チームがまとまってくれたおかげで、プロジェクトは成功した。(恩恵と＋)
同僚がミスしたせいで、残業時間が増えた。(影響と－)
ここは駅から近いために、マンションが高く売れた。(影響と＋)
ここは駅から近いために、マンションの家賃が高い。(影響と－)

前後関係で「おかげ」「せい」「ため」を使い分けます。

2 皮肉として使う「おかげ」

本来「せい」を使うところに「おかげ」を使うと皮肉になります。

例

交通渋滞のおかげで大事な会議に遅れた。
同僚のミスのおかげで残業が増えた。

③ 原因が曖昧なときの「せいか」

原因を特定できないけれども、おそらくそれが原因だろうというニュアンスを表現したい場合には「せいか」を使います。

● 断定できない原因⇒結果が＋もしくは－の場合⇒「せいか」

例

温泉によく入るせいか、肌につやがある。(＋)
ヒートアイランド現象のせいか、暑い日が続く。(－)

DAY.05

④ 目的の「ため」

「ため」には、原因ではなく、目的を示す場合があります。「ため」の前が目的、後ろが手段です。

例

経験を積む（目的）ために、海外で生活する（手段）。

POINT

前後の意味で「おかげ」と「せい」と「ため」を使い分ける

DAY.05
63
助動詞

「だろう」「らしい」「ようだ」を使い分ける

① 推量を表す「だろう」「らしい」「ようだ」

「だろう」「らしい」「ようだ」には、違いがあります。

- 主観的な判断に基づく推量⇒「だろう」
- ある程度客観的な事実に基づく推量⇒「らしい」
- 主観的判断 or ある程度の客観的事実に基づく推量⇒「ようだ」

例

決勝は、私が応援するチームが勝つだろう。(主観的判断)
来年度は、税制が改正されるらしい。(ある程度客観的な事実)
今年の新人は、職場の人間関係になじめないようだ。
(主観的判断 or ある程度客観的な事実に基づく推量)

最後の例文の場合、新人が職場の人間関係になじんでいないのは、書き手の主観的判断とも言えますし、ある程度客観的な事実とも言えます。それは、前後の文脈で決まります。

次の2つの文章を比べてみましょう。

例

その件に関しては、私にも問題があるらしい。
その件に関しては、私にも問題があるようだ。

最初の例文の場合、「私にも問題がある」というのは、どこかからの伝聞による、ある程度客観的な事実ですが、2つ目の例文の場合、「私にも問題がある」というのは、本人の主観による判断と考えるのが自然です。

2 「みたい」は、文章では使わない

悪い例

社内には誰も残っていないみたいだった。

良い例

社内には誰も残っていないようだった。

「みたい」は話し言葉なので、文章の中では使うべきではありません。

3 自分を主語にした場合、推量表現は使えない

悪い例

私は、これからも今の友人を大切にしていくだろう。（推量）

良い例

私は、これからも今の友人を大切にしていこうと思う。（意志）

自分を主語にした場合、述語は推量ではなく意志になります。

POINT

推量表現は主観か客観によって書き分ける

DAY.05
64
表現

あえて「私」を省略した文章を書く

1 「私」を入れる場合、「私」を入れない場合

主語は、原則的に入れるべきですが、論文などではなく、エッセイ風の文章の場合、あまりに「私」を多く入れると、自己主張の強い文章という印象を読み手に与えます。

悪い例（「私」×7のパターン）

私は、いつものように我が家のベッドで目を覚ます。私は、何事もないように感じる。しかし、私が、旅先のホテルで目覚めるとそうはいかない。私は、起きた直後に、ここはどこで今は何時なのだとあわててしまう。私は、実はホテルにいるのだ。私は、ベッドサイドの時計で現在の時間を確認する。私は安心してコーヒーを入れ、今日の仕事の準備を始める。

良い例（「私」×0のパターン）

いつものように我が家のベッドで目を覚ます。何事もない。しかし、旅先のホテルで目覚めるとそうはいかない。起きた直後に、ここはどこで今は何時なのだとあわててしまう。実はホテルにいるのだ。ベッドサイドの時計で現在の時間を確認する。安心してコーヒーを入れ、今日の仕事の準備を始める。

「私」を入れない方が、すっきりとした文章になります。

別の例文を見てみましょう。

悪い例（「私」×6のパターン）

私は、とにかくやってみるということを信条にしていた。私は、別に他人を笑わせるつもりはなかった。しかし、私は、周囲から笑われた。私にはそれを屈辱と考える余裕はなかった。私は、よくわからないから、わかるためには、やるしかなかった。私は、それを基準にしていた。

悪い例（「私」×0のパターン）

とにかくやってみるということを信条にしていた。別に他人を笑わせるつもりはなかった。しかし、周囲から笑われた。それを屈辱と考える余裕はなかった。よくわからないから、わかるためには、やるしかなかった。それを基準にしていた。

この場合、両方わかりにくいです。文章の意味やニュアンスが適切に伝わるように、主語である「私」をバランスよく入れましょう。

良い例（「私」×3のパターン）

私は、とにかくやってみるということを信条にしていた。別に他人を笑わせるつもりはなかった。しかし、周囲から笑われた。私にはそれを屈辱と考える余裕はなかった。よくわからないから、わかるためには、やるしかなかった。私は、それを基準にしていた。

POINT

主語の「私」は、連続しないよう適度に入れる

DAY.05
65
表現

リズムのある文章にする

1 文章にリズムを出すために

文章のリズムを出すために大切なのは、次の3つのポイントです。

- 一文を短くする
- 文末に変化をつける
- 改行する

悪い例

私が、高原のホテルの朝が好きなのは、周囲の空気がきれいで冷たいし、調度品の何もかもが光っているからである。また、私はウエーターが鏡に向かって、ネクタイは曲がってないかとか、髪が乱れてないかとかを確かめている姿を眺めるのも好きである。コーヒーカップがきれいにならんでいて、グラスが美しく光っている様子を見るのも、私の楽しみである。私が席に着くとウエーターが最初の一杯を入れてテーブルにおいてミルクと砂糖をそえてくれるが、私はそのコーヒーをゆっくりと味わうのである。

一文の字数が約60字とやや長く、文末も「である」を多用しているために、リズムの悪い文章になっています。

② 文章をスリムにする

一文を短くし、文末に変化をつけると同時に余分な修飾語を削る。さらに、改行することで、文章にもリズムが出てきます。

良い例

私は、高原のホテルの朝が好きだ。
空気がきれいで冷たく、何もかもが光っている。
ウエーターが鏡に向かい、
ネクタイが曲がってないか、髪が乱れてないか確かめる。
コーヒーカップがきれいにならび、グラスが美しく光る。
彼が、最初の一杯を入れてテーブルにおき、ミルクと砂糖をそえる。
その一杯をゆっくりと味わう。

具体的には「また」という接続語を削除しています。

さらに「ネクタイが〜か」「髪が〜か」の部分では、語句を繰り返すことによってリズムを出す「反復法」を用いています。

そして「コーヒーカップが〜ならび」「グラスが〜光る」の部分でも、対になる２つ以上の句を連ねて表現する「対句法」を用いてリズムを出しています。

文末も「である」を削除して、すっきりとしました。

POINT

文を短くする他、文末の変化や改行によってリズムが生まれる

DAY.05

66

表現

様々なレトリック＝修辞法を知る

1 修辞法とは

言葉を工夫する方法を修辞法と言います。実用的な文章では、あまり用いませんが、ブログなどでエッセイ風の文章を書く場合、思いを効果的に伝える方法として役立つことがあります。以下は比喩に関する修辞法です。

- **直喩法⇒比喩であることを読み手に明示する方法**

（例）まるで豆腐のように意志が弱い。

- **隠喩法⇒比喩であることを読み手に明示しない方法**

（例）豆腐の意志

- **提喩法①全体の名称で一部を表す方法**

（例）花見に行く。（花＝桜）

- **提喩法②一部の名称で全体を表す方法**

（例）人はパンのみにて生くるにあらず。（パン＝物質的充足）

- **風諭法⇒たとえだけ示すことによって、真意を推察させる方法**

（例）井の中の蛙大海を知らず。（＝見識が狭いこと）

- **換喩法⇒事物を、それと関係のある別の事物で表す方法**

（例）それは永田町の論理だ。（永田町＝国政の世界）

- **擬人法⇒人間以外のものを人間にたとえる方法**

（例）海が呼んでいる。

次に強調に関する修辞法と最後に変化をつける修辞法を解説します。

● **誇張法⇒実際よりも大きく、あるいは、小さく表現する方法**

（例）雲突くばかりの大男（例）猫の額ほどの庭

● **倒置法⇒言葉の順序を逆にする方法**

（例）私は思う。運命は存在すると。

● **設疑法⇒結論を意図的に疑問の形で示し、読み手の注意を喚起する方法**

（例）私は何をためらっているのだろう。勇気がないのか。

● **反語法⇒自分の判断とは反対の内容を疑問形で述べる方法**

（例）大人がそんなことをするだろうか。（＝するはずはない）

● **反復法⇒同じ言葉や似た表現を繰り返す方法**

（例）雪が降る。雪が降る。

● **対句法⇒同一、または、類似表現を対比的に並べる方法**

（例）月に叢雲（むらくも）、花に風。

● **現在法⇒過去や未来の事柄を現在形で表現する方法**

（例）来年、私は今までの自分を変革する。

POINT

修辞法を使えると文章にアクセントがつく

DAY.05

67

表現

時には手書きにする

1 パソコンと手書きの違い

パソコンは便利ですが、文章力を上げるためには、時には手書きにするべきです。パソコンと手書きの違いを整理しておきましょう。

- 手書き⇒訂正しにくい⇒気合いを入れて文章を書く
- パソコン⇒訂正しやすい⇒気楽に文章が書ける

失敗は許されないと思いつつ気合いを入れて何事かに取り組むとき、人は成長するものです。パソコンの画面に向かうときと、紙の原稿用紙に向かうときを比べれば、紙に自筆で書くときの方が気合いが入ります。

また、パソコンと手書きでは手順も大きく違います。

- 手書き⇒思い浮かんだ言葉を紙に書く
- パソコン⇒思い浮かんだ言葉をアルファベットにし、キーを打って日本語に変換し、複数の候補の中から言葉を選ぶ

このように比べると、パソコンを操作するとき、かなり複雑で余分な行為をしていることがわかります。

手で書くというのは、自分の頭の中に浮かんだ言葉を、自分の体を使って白い紙の上に直接表現することです。

リアルタイムで思いを表現するには、手書きがおすすめです。

② 手書きには個性が出る

- 手書き⇒筆跡に個性が出る
- パソコン⇒筆跡がないので個性がない

手書きの原稿の場合、筆跡に個性が出ます。やさしい人は、やさしい字を書きます。一方、気の強い人は、気の強い字を書くものです。大胆な人は大胆な字、気の小さい人は、小さい字を書きます。

丁寧に書いているか、濃く大きな字で読みやすいか、それらに気を遣う人は、読み手を想う気持ちのある人です。逆に、丁寧さがなく、薄く小さな字で書いている人は、読み手への配慮に欠ける人です。

③ 時には縦書きで書いてみよう

- 縦書き⇒気持ちが引き締まる⇒真剣な内容にふさわしい
- 横書き⇒気持ちが楽になる⇒気楽な内容にふさわしい

最近は、横書きの文章が増えましたが、本来の日本語は縦書きです。したがって、真剣な内容の文章を書こうと思ったときは、縦書き、しかも、手書きにするべきです。

POINT

パソコンでは得られない感覚が文章力を上げる

DAY.
06

第6日目

“相手を上手に説得する”文章テクニック

DAY.06

68

構成

批判のための批判をしない

1 批判上手は悪口上手

相手を批判するのが上手な人がいます。

それは、たしかに一つの能力ですが、見方を変えれば、悪口上手とも言えます。

人の悪口を言えば、本人としては気持ちがすっきりするでしょうが、周りからすると、あまり気分の良いものではありません。

文章の中でも、A案とB案が存在した場合、A案を主張する人が、A案の利点を述べるより、B案の批判に終始することがあります。

B案のマイナス面を列挙して、結論としてA案を述べるやり方です。

この方法だと、A案を選ぶのは、消去法的な発想なのではないかと、読み手は思ってしまいます。

A案を主張するならば、B案のマイナス面だけでなく、A案のプラス面を積極的に述べるべきです。

このように、対立意見を批判する場合、相手を否定する部分を40％以下にすべきです。

一方、自説を肯定する部分は60％以上になります。

❷ 発展的な意見が大切

批判をするうちに、批判をすること自体が目的になることがあります。批判のための批判です。

しかし、大切なのは、問題を解決することであって、誰かを貶(おとし)めることではありません。

問題の解決に確実につながるような発展的意見を述べることにスペースを割くべきです。

POINT

自説肯定は60％以上、他者否定は40％以下にする

DAY.06

69

読解

相手と自分の意見の間に共通性を見つける

① 全面対立か部分対立か

相手と自分の考えが全面対立する場合もあります。その多くの場合、相手の意見に納得できる部分もあるのではないでしょうか。

全面対立のパターン

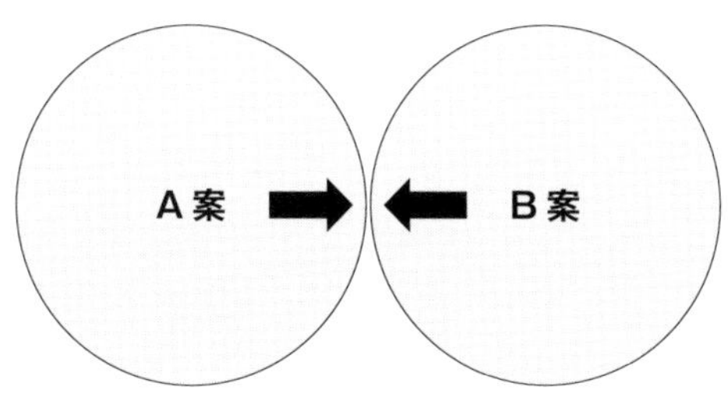

部分対立のパターン

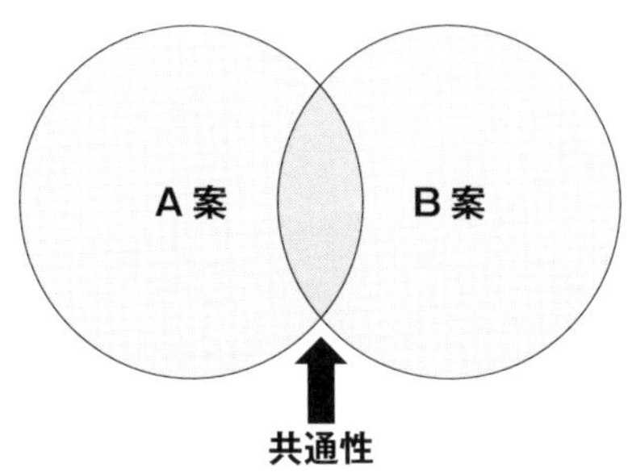

- 全面対立の場合⇒譲歩しない
- 部分対立の場合⇒相手との共通性に関しては譲歩する

譲歩する部分が明確になると、譲歩できない部分も明確になります。つまり、論点が明らかになるのです。

2 譲歩のパターン

- 「たしかに」「なるほど」⇒（対立意見に対する譲歩）
- 「もちろん」「むろん」⇒（一般論に対する譲歩）

通常の譲歩であれば「たしかに」や「なるほど」を使います。「もちろん」や「むろん」には、論じるまでもないというニュアンスがあります。一般論に対して譲歩する場合に使います。

例

たしかに、あなたの考えは一理ある。しかし、私は別の考えを持っている。（相手への譲歩）
もちろん、進歩は利便性を生んだ。だが、利便性によって人間が退歩した面もある。（一般論への譲歩）

POINT

譲歩できる部分がわかると、論点が明確になる

DAY.06

70

読解

要約の方法を身につける

① まず相手の意見を理解する必要がある

文章を要約するということは、その文章の内容を的確に把握することです。

文章を読んで、その後に自分の考えを述べる場合、本文を理解していなければ、自分の考えも的外れになってしまいます。

要約の方法をマスターしましょう。

要約の仕方

① 本文の中の具体例を括弧でくくり、削除する。

② 残りの部分から、キーセンテンスを抜き出す。

③ それらのキーセンテンスを、接続語でつなぐ。

まず「たとえば」から始まる部分は、具体例なので、削除します。仮定の部分も削除しましょう。

残りから、ここは重要だと考えられる文、すなわち、キーセンテンスを抜き出してください。

最後に、それらのキーセンテンスを本文の論理にしたがった形で、接続語でつなげましょう。本文の論理にしたがうとは、順接、逆接、対等、言い換えなど、本文の論理展開をそのまま利用するということです。

たとえば、本文のパターンを下記とします。

Ａということが言われている。たとえば〜のような例がある。
一方、Ｂという考えもある。たとえば、〜のような例もある。
しかし、私はＣと考えている。なぜなら、Ｒという理由があるからである。
たとえば、〜のような例もある。したがって、私の考えはＣである。

要約のパターン

Ａと言われている。
一方、Ｂという考えもある。
しかし、Ｒという理由から、
私はＣと考えている。

要約の練習をすることによって、読解力も表現力も上がります。
自分の考えを理解してほしいと願うならば、その前に、相手の考えを理解すべきです。要約は、そのための練習になります。

POINT

要約の練習によって、読解力と表現力がつく

DAY.06

71

論理

演繹法を身につける

1 演繹

演繹とは、一般的な法則を個別の事柄にあてはめることです。

たとえば、万有引力の法則を様々なものにあてはめて、リンゴだけでなく、イチゴやキウイから手を放し、落とす作業を演繹と言います。

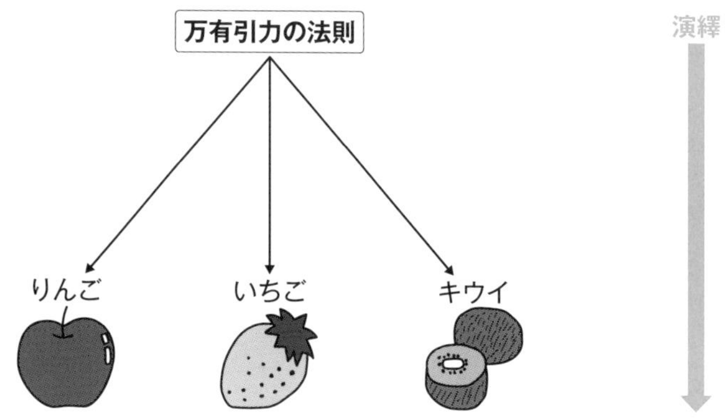

2 三段論法は演繹法の一種

演繹によって論を進める方法を、演繹法と言います。

演繹法において大切なのは、前提が正しいことです。前提となる法則が正しければ、論理は成立しますが、前提に誤りがある場合、論理は破綻します。

演繹法の代表として知られるのが、三段論法です。

三段論法の例

すべての物質は、引力により落下する。（前提）
リンゴは、物質である。（前提）
したがって、
リンゴは、引力により落下する。（結論）

前半の順序を変えても成り立ちます。

三段論法の例

リンゴは、物質である。（前提）
すべての物質は、引力により落下する。（前提）
したがって、
リンゴは、引力により落下する。（結論）

三段論法の公式は以下のようになります。

A＝Bである
B＝Cである
したがって、
A＝Cである。

理詰めで読み手を説得する方法として、演繹法、とくに三段論法は有効な方法です。

POINT

正しい前提を用意することによって、演繹法は有効になる

DAY.06

72

論理

帰納法を身につける

1 帰納

帰納とは、個別の事柄から、共通性を見つけ、一般的な法則を導き出すことです。

たとえば、様々な雪を観察して、雪には結晶があるという法則性を見つけた場合、その方法は帰納的な方法になります。

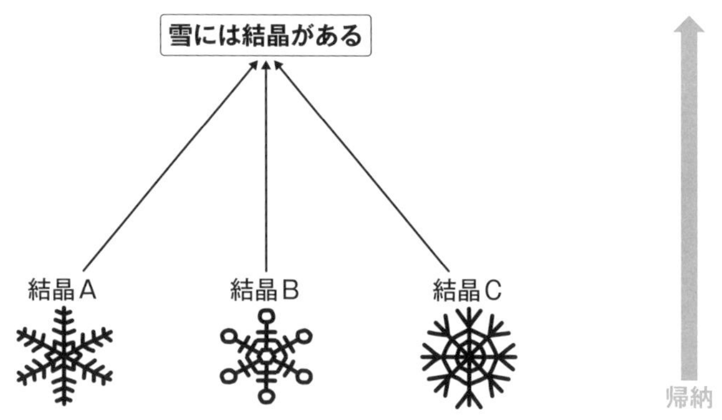

2 帰納法には、観察力が必要

帰納的に考える方法を帰納法と言います。

帰納法で考えるためには、目の前の現実をしっかりと観察する必要があります。

帰納法の例

白猫は、猫じゃらしが好きだった。
黒猫は、猫じゃらしが好きだった。
三毛猫は、猫じゃらしが好きだった。
したがって、
猫は、猫じゃらしが好きである。

3 帰納法は確率論になる

上の例の場合、猫じゃらしが好きではない猫が将来出現する可能性を否定できません。猫は猫じゃらしが好きだというのは、今のところ確率として高いということになります。

帰納法の例

駄洒落好きなAさんは、良い人だった。
駄洒落好きなBさんは、良い人だった。
駄洒落好きなCさんは、良い人だった。
したがって、
駄洒落好きに悪い人はいない。

もし、駄洒落好きの悪人が存在した場合、この論は成立しません。

POINT

観察力を磨いて法則性を見出すのが帰納法

DAY.06

73

論理

弁証法を身につける

① 弁証法

弁証法とは、ある考え方（X）と、その考え方と対立したり、矛盾したりするもう一つの考え方（Y）が存在する場合、対立や矛盾を越えて、より高い次元の結論（Z）を目指す思考法です。

たとえば、賛成派（X）と反対派（Y）で意見が分かれた場合、対立を超えて両者が納得できる方法（Z）を考えるのも、弁証法です。

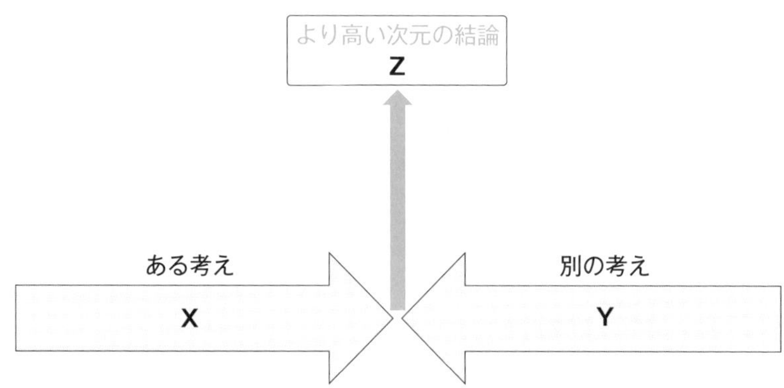

例 **日本人は、自国の文化を大切にすべきである。（X）**
日本人は、外国文化を取り入れるべきである。（Y）
↓
抹茶アイスのような文化の融合は可能である。（Z）

例 **昔はよい時代だった。（X）**
昔にはもう戻れない。（Y）
↓
昔を参考にして未来を作るべきである。（Z）

例 **時間には直線のイメージがある。（X）**
時間には円環のイメージがある。（Y）
↓
時間には螺旋（らせん）のイメージがある。（Z）

弁証法は、対立や矛盾を乗り越えていくための有効な方法です。

世の中には様々な対立や矛盾が存在しますが、解決をあきらめることなく、思考を続けたり、議論を尽くしたりすることによって、良い方向に向かうはずです。

DAY.06

POINT

弁証法を使えば、矛盾や対立を乗り越えていける

DAY.06

74

論理

主張には根拠が必要

1 主張と根拠はセット

論理性が求められる文章において、主張を述べるためには、その根拠が必要です。大切なのは主張と根拠の間に、因果関係を成立させることです。

例

私は、ゲームによって社会改革ができるとは思わない。なぜなら、社会改革には、現実と向き合うことが必要だからである。

例

私は、忙しいことがステータスになっていることに違和感を覚えている。なぜなら、忙しいことは、心がそこにはないことを意味するからである。

例

私は、人工知能は小説の読解問題で高得点を獲得できないと思っている。なぜなら、コンピュータは、想像力に欠けているからである。

例

経済システムは、転換すべきである。なぜなら、深刻な環境破壊という破局的な事態を免れないからである。

主張を述べた後に「なぜなら〜だからである」と根拠を述べる場合も、根拠＝原因が意識の中では先に存在します。

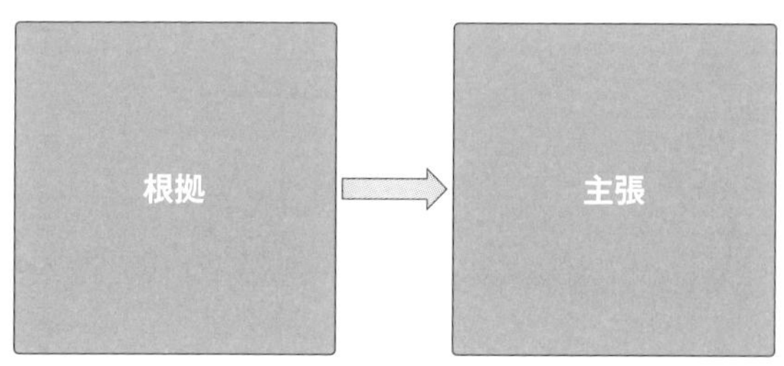

根拠を先に述べた例

感動とは、人から与えられるものではなく、自分で獲得するものである。したがって、「感動をありがとう」という言葉に私は疑問を持っている。

根拠を後に述べた例

「感動をありがとう」という言葉に私は疑問を持っている。なぜなら、感動は人から与えられるものではなく、自分で獲得するものだからである。

理由がなく、ただ主張だけを述べた文章は、論理性がないと思われるだけでなく、自分勝手な印象さえ与えます。因果関係は論理の基本です。主張を述べたら、根拠も述べましょう。

POINT

因果関係は論理の基本

DAY.06

75

論理

主張には具体例が必要

① 具体例があると説得力が増す

主張が抽象的な場合、読み手はわかりにくいという印象を持ちます。途中に具体例を入れることによって、文章がわかりやすくなると同時に、説得力が増します。

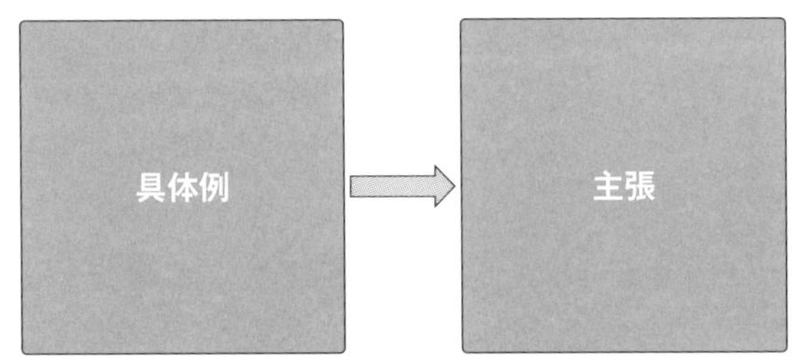

例

たとえ利便性を失っても、創意工夫すれば、楽しさが生まれる。たとえば、ファストフードに頼るのではなく、自炊すれば、材料を選んだり、調理したりするプロセスを楽しむことができる。

例

世界を根源的に問い直す知性こそ本物の知性である。それは、たとえば、ゴーギャンの絵の「我々はどこから来たのか、我々は何者か、我々はどこへ行くのか」という絵のタイトルを問い直すのが本物の知性である。

例

先進国と途上国の格差を是正するには、協力原理が不可欠である。たとえば、フェアトレードは、不均衡に苦しめられている良心的な生産者を応援すると同時に、自分たちの食の安全性を確保する営みである。

2 具体例と主張はセットで考える

下記のように具体例と主張を組み合わせて使いこなしましょう。

例

五感の世界とは、人が、視覚、聴覚、嗅覚、味覚、触覚のすべてを総合的に働かせる世界である。
たとえば、ゴールキックの放物線やスクラムを組む時の衝突音だけではなく、土や芝の匂い、やかんの水の味、楕円形のボールから手に伝わる感触までもが、五感で捉えたラグビーの記憶である。

例

経済において、市場原理至上主義の立場をとれば、個人は自己の利益を最大限に確保しようとする。たとえば、株式や為替の取引を短時間に何度も繰り返すデイトレーダーによる投機的な取引は、その一例である。

POINT

具体例によって、主張がわかりやすくなり、説得力も増す

DAY.06

76

論理

反証する

1 反論の切り札

反証とは、相手の主張を、証拠を挙げることによって否定すること、あるいは、その証拠のことです。

言い換えれば、相手の主張に反する例を挙げることによって、相手への反論が可能になるわけです。

反証は、反論するときの切り札です。

2 反証を挙げてみる

ここでは、日本人には、日本人固有の日本的な感性があるという主張に対して、反証してみましょう。まずは相手の主張を確認します。

例

日本人には、日本人固有の日本的な感性がある。(主張)
なぜなら、日本人の意識の根底には、風土に育まれた感性がいまだに残っているからである。(根拠)
たとえば、西洋風の教会より神社の境内で心が安らぐ。(具体例)
したがって、日本人には日本人固有の感性がある。(結論)

この主張に反論するためには、日本人であって、同時に日本的な感性を特に有しているとは思えない人々の具体例を反証として提出するのが、有効な方法です。

たとえば、アメリカで生まれ育った帰国子女の場合、日本的というよりむしろ、アメリカ的な感性を身につけています。ボディアクションもまるでアメリカ人のようです。

ということは、感性は先天的にではなく、後天的に環境によって決定すると言えます。したがって、アメリカで生まれ育った日本人を反証例にすることができます。

反論の例

日本人には、日本人特有の感性があるわけではない。（主張）
なぜなら、感性は、先天的にではなく、周囲の環境によって後天的に育まれるものだからである。（根拠）
たとえば、アメリカで生まれ育った日本人は、アメリカ的な感性を身につけている。（具体例）
したがって、日本人には日本人固有の感性があるとは言えない。（結論）

もし再び反論された場合は、別の反証を挙げて再反論しましょう。

POINT

反証には、証拠となる具体例が必要

DAY.06

77

論理

三段論法に工夫を加える

① 三段論法＋α

三段論法は、次のパターンです。

A＝Bである。（事実→事実）
B＝Cである。（事実→事実）
したがって、
A＝Cである。（事実→事実）

これに一段加えます。

A＝Bである。（事実→事実）
B＝Cである。（事実→心情）
C＝Dである。（心情→価値判断）
したがって、
AはDである。（事実→価値判断）

ポイントは、ただ事実を述べるのではなく、途中に心情や価値判断を入れるということです。

三段論法＋αの例

戦争は、兵器を使うことである。（事実→事実）
兵器を使うことは、殺人を目的としている。（事実→事実）
したがって、
戦争は、殺人を目的としていると言える。（事実→事実）

このように、事実を列挙するだけでは意見になりません。

三段論法＋αの例

戦争は、殺人である。（事実→事実）
人を殺すことは、人を悲しませる。（事実→心情）
人を悲しませることは、やめるべきである。（心情→価値判断）
したがって、
戦争は、すべきではない。（事実→価値判断）

自分の意見を述べるということは、事実を述べることではなく、自分の価値判断を示すということです。

POINT

三段論法＋αで、心情や価値判断を示す

DAY.06

78

発想

頭の中に対立概念を思い浮かべる

1 思考の軸を作る

たとえば、絶対と相対など対立する概念を想起するのは、論理的に物事を考えるときに必要なことです。

対立する2つの概念を頭の引き出しに入れておくと、思考するときの座標軸になります。代表的な対立概念を正しく理解しておくことは、相手を説得するためにも大切なことです。

対立する概念の代表例を挙げます。

- 絶対⇒他のものとは関係なく独立して存在するという意味
- 相対⇒他のものとの関係において存在するという意味

- 普遍⇒全体に共通して当てはまること（≒一般）
- 特殊⇒部分的にしか当てはまらないこと（≒個別）

- 客観⇒皆に共通するものの見方や考え方
- 主観⇒自分だけのものの見方や考え方

- 意識⇒言葉にできる世界
- 無意識⇒言葉にできない世界

- 理性⇒物事を筋道を立てて考える精神的な能力
- 感性⇒物事を五感によって感じとる感覚的な能力

- 分析⇒部分に分けること
- 総合⇒全体的にまとめること

- 本質⇒そのものが持っている独自の重要な性質
- 現象⇒感覚によって捉えられる、物の姿や形

- 目的⇒成し遂げようとしている事柄
- 手段⇒目的を達成するための具体的な方法

- 合理⇒理屈に合うこと
- 非合理⇒理屈に合わないこと

- 文化⇒人間の精神的な営みの成果
- 文明⇒人間の物質的な営みの成果

- 現実⇒ありのままの世界
- 虚構⇒つくりごとの世界

どれも基本的な対立概念ですが、思考の大切な座標軸となります。

POINT

最低限の対立概念を覚え、論理展開を考える際に役立てる

DAY.06

79

発想

2つの座標軸で思考する

1 軸を2つにする

たとえば、速いことと遅いことを比較する文章の場合、軸は1つです。そこに、プラス面とマイナス面というもう1つ座標軸を加えると、思考の幅を広げることができます。

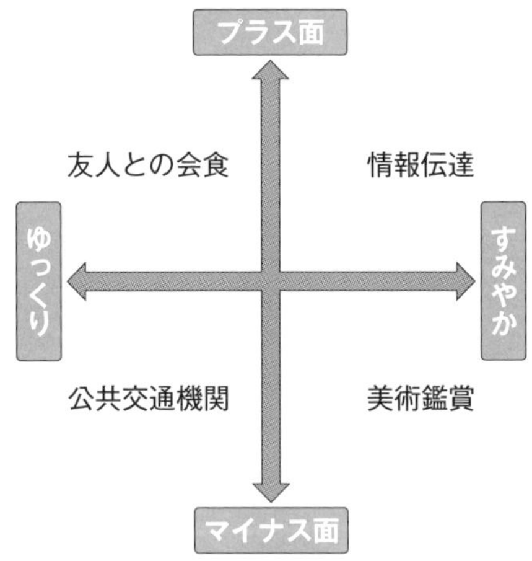

もし、速いか遅いかという軸だけならば、速いことが良いことで、遅いことは悪いことと単純化しがちですが、それぞれのプラス面とマイナス面を考えることで、単純化を避けることができます。

情報伝達は速やかである方がよいし、公共交通機関の遅れは良いことではありません。しかし、美術館では、急かされたくないと多くの人が思うように、すみやかであることが、常に良いことではありません。友人との食事も、あわてずに、ゆっくりと取りたいと思うのが、世の常でしょう。

この方法は、他にも応用できます。

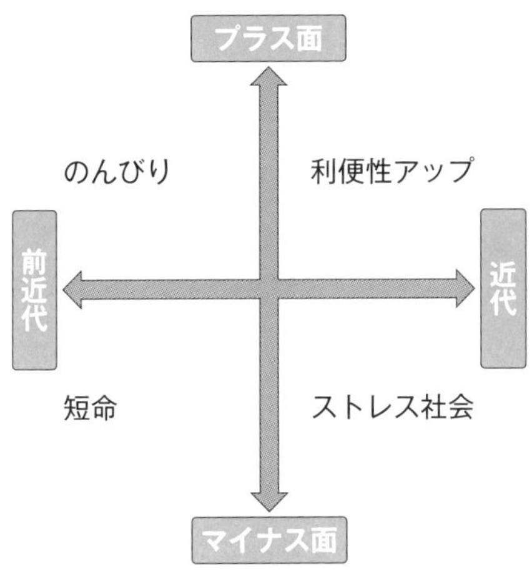

何と何を座標軸にするか、あるいは、4つのエリアに何を思い浮かべるかは、その人の自由です。座標軸を自由に設定し、様々な思考に挑戦してみましょう。

POINT

縦軸、横軸を自由に設定して思考の幅を広げる

DAY.06

80

発想

空間と時間の中で自分と外界を認識する

1 時空間

時間と空間というものも、何かを考える場合、重要な座標軸になります。私という存在は、過去、現在、未来という時間軸の上に存在すると同時に、東西南北という空間上に存在しています。

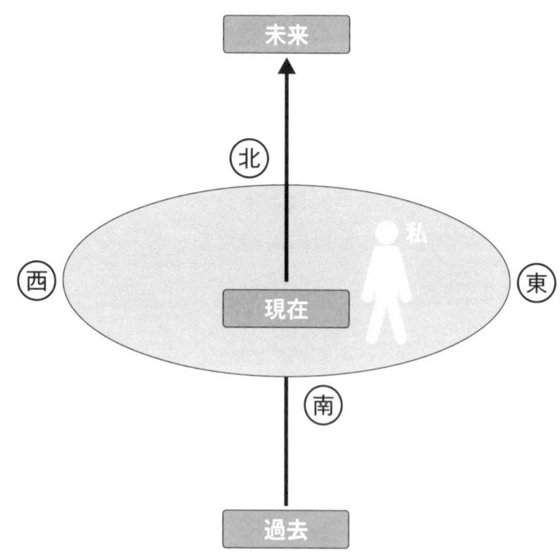

② 2種類の発想

時間を軸に考えるか空間を軸に考えるかによって、発想が変わります。

- 空間を固定して時間軸に沿って考える⇒歴史的発想
- 時間を固定して空間軸に沿って考える⇒文化人類学的発想

たとえば、東京に場所を固定して、過去、現在、未来の東京を考えることは、歴史的にものを考えることです。

一方、21 世紀初頭に時間を限定して、アメリカと日本、ヨーロッパとアフリカというように、空間を比較することは、文化人類学的にものを考えることです。

自分という存在を考えるときも、過去の経験を未来に生かすには、現在どのような取り組みをすべきか、というように時間の流れの中で自分を考える方法もあれば、周囲の環境の中で自分はどのように振る舞うべきか、というように空間の中で自分を考える方法もあります。

③ 語学は時空間の旅

たとえば、シェークスピアの文章を英語で読むことは、時間的にも空間的にも、精神的に移動することを意味します。古典を読むことが、豊かな発想力を身につけるのに役立つのは、それが時間と空間を自由に行き来する経験に他ならないからです。

POINT

空間や時間を固定して発想を変える

DAY.06

81

発想

常識を疑ってみる

1 常識を疑ってみる

常識を意識することは、もちろん大事なことです。しかし、常識の中に安住していると、あまり物を考えなくなってしまうのも事実です。

常識を自明のものとせず、疑ってみることは、自分の発想力を磨くための練習になります。

たとえば、「コインの形はどのような形か」と聞かれたら「円形」と多くの人が答えると思いますが、真横から見れば「長方形」という答えも可能です。斜めから見れば「楕円形」という答えもありうるし、正確に言えば「円柱」という答えもありうるのです。

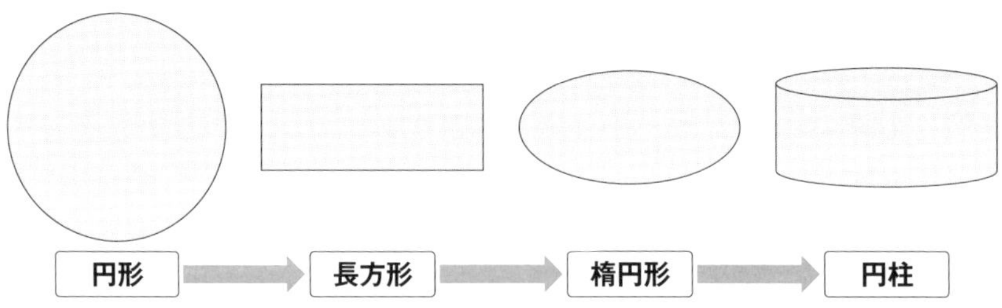

2 視点の転換

大切なのは、視点を転換することです。柔軟な思考力を養うためには、今の状況を絶対化するのではなく、外部から相対化するような視点の転換が必要です。

別の例を挙げましょう。「氷が溶けると何になりますか」と聞かれたら、ほとんどの人は「水になる」と答えるでしょう。それが常識です。でも「氷が溶けると春になる」という答えがあっても良いはずです。

他にも「人は悲しいから泣く」という常識があります。あまりにも当たり前の常識ですが、人間の身体性に注目すれば「人は泣くから悲しい」と考えることも可能ではないでしょうか。

現代は身体よりも精神が重視される時代なので「人は悲しいから泣く」というように精神的なことが原因とされがちですが、身体の反応の方が、実は早いのではないでしょうか。

たとえば、恥の感情を確認してから顔が赤くなる人はいないと思います。顔が赤くなるという身体の反応が、恥の感情の確認より早いはずです。

- 精神を重視した場合⇒「人は悲しいから泣く」(常識)

↓(視点の転換)

- 身体を重視した場合⇒「人は泣くから悲しい」(反常識)

このように、精神から身体へと視点を転換することによって、既成の常識を相対化することは可能です。世の中には、疑うべき常識が多々あります。自分の発想力を磨くため、常識を鵜呑(うの)みにせず、相対化する練習をしてみましょう。

POINT

視点を転換することで、柔軟な発想が可能になる

DAY.06

DAY.06

82

発想

反論を想定する

1 自分の意見を絶対化しない

自論を展開するとき「自分的には〜」というように、自分の意見を絶対化すべきではありません。自分の意見も一意見にすぎないということを念頭に置きつつ、自分の意見を相対化すること、すなわち、自分の意見を述べつつ、反論も想定することが大切です。

たとえば、教育論において、詰め込み教育を肯定しようとする場合、必要なのは、詰め込み教育を否定する考えを想定することです。

「3分の2を4分の1で割ると、答えはいくつになるか」という分数の割り算を、小学校で教えるべきかというケースで考えてみましょう。

詰め込み肯定派＝自説	詰め込み否定派＝想定される反論
分数の割り算は、必要（主張）	分数の割り算は、不要（主張）
論理的能力が発達するから（理由）	現実離れした計算だから（理由）
現実から遊離した思考は必要である	物事は現実に即して考えるべきだ
意味理解を重視しすぎてはいけない	意味理解を重視すべきである
学力低下という現実	数学嫌いの生徒が増えている現実
徹底的な計算練習は必要である	難問奇問は排除すべきである
抽象的思考重視	具体的思考重視

「3分の2を4分の1で割ると、いくつか」という分数の割り算を、小学校で教えるべきではないという考えの根拠は、その計算が現実離れした計算だからというところにあります。

たとえば、3分の2のピザを4分の1のピザで割るということが、イメージしにくいために、詰め込み否定派は、現実離れした計算だと主張するわけです。

ピザならば、何とかイメージできても、3分の2の人間を4分の1の人間で割るというイメージを描くのは、ほとんど不可能でしょう。計算の意味を自分の頭で考えようとする生徒ほど、分数の割り算の意味がわからなくなり、数学嫌いが増えるため、難問奇問は排除すべきというのが、予想される反論です。

この反論に再反論するには、数学の本質を考える必要が出てきます。実は、数学の本質は、現実に存在しない、つまり、虚構であることです。点は、面積のない点を指しますが、そのような点は存在しません。3という数も3つのリンゴも、3という概念の代わりであって、3自体ではありません。マイナス3個のミカンを見ることも不可能です。

つまり、最初は目に見えるリンゴの数を数えることから始まったとしても、数学は、最終的には純粋な抽象思考を目指す学問であるため、具体的なものをイメージしてばかりいると、どこかで限界がきてしまいます。

したがって、抽象的な思考能力をつけるためには、意味に捉われることなく、計算能力を高める必要があるというのが、詰め込み肯定派の再反論になります。

POINT

想定される反論に再反論することで説得力がアップする

DAY.06

83

発想

当事者意識を持つ

1 傍観者になっていないか

何か問題を論じようとする場合、外部から対象化する方が、論じやすいものです。しかし、それでは、その問題を他人事として捉える傍観者になってしまいます。説得力のある文章を書くためには、問題を他人事としてではなく自分の問題として捉え、当事者意識を持つ必要があります。

● 問題を他人事として捉える⇒傍観者意識
↓意識を変える
● 自分の問題として捉える⇒当事者意識

では「食料自給率の低下」という問題を例にして考えてみましょう。

傍観者の立場の意見
①政府が農業を援助すべきである。
②マスメディアが自給率を上げるための CM を流す。
③給食に国内の食料を使用し、食料自給率を上げる教育をする。

もっともな意見ですが、政府やマスメディアや学校など、自分以外の誰かが何とかすべきと考えているにおいて傍観者的です。当事者意識のある意見の例としては「自分たちが、もっと日本の米を食べるようにする」という意見が挙げらます。

良い例

日本人の生活が西洋化し、ハンバーガーやパスタを好むようになったことは、食料自給率が低下した一因です。その一方で、米を中心とした伝統的な和食を食べる回数が減っているのも事実です。インスタント食品やファストフード、コンビニのお弁当などは、たしかに便利ですが、健康のことを考えれば、一汁三菜という日本の伝統食の方が優れています。しかも、自炊すれば、費用も安く抑えられます。食の安全性に関する意識も高まるでしょう。

このように問題を当事者として捉えることは、受動的な意識を能動的な意識に変える契機にもなります。政府やメディアや学校に何とかしてもらいたいというのは、やはり受け身の発想です。

一方、自分の食生活を変えるところから始めるというのは、発想が能動的です。

- 傍観者意識のまま⇒発想が受動的になる
- 当事者意識を持つ⇒能動的な発想ができる

外部の環境が変われば自分も変われるというのは、受け身の発想です。反対に、自分が変われば世界も変わるというのが、能動的な発想です。

POINT

他人事として捉えないことで、能動的な発想が可能になる

DAY.06
84
表現

難しい表現をわかりやすい言葉で伝える

1 難しい表現は読み手を困らせる

難しい表現を使うと、読み手は苦労します。読み手の立場に立てば、難しいことほど、やさしい言葉にして伝えるべきです。

避けるべきなのは、やさしいことを、わざわざ難解な言葉にしてしまうことです。

- 難しいこと→やさしい言葉に直す⇒○
- やさしいこと→難しい言葉に直す⇒×

例 **現代は、無記名の力が世界を左右する時代である。**

こうして直すとOK！

現代は、国際世論や国際金融市場という不特定多数の勢力が、国際政治に影響を与える時代である。

例 **教師は、背負った子に教えられるという初心を忘れてはいけない。**

こうして直すとOK！

教師は、一方的に教えるのではなく、生徒からも様々なことを教わり、自分を省みるべきであるという最初の心構えを忘れてはいけない。

例 **文化は、その創造者を呪縛する。**

こうして直すとOK！

文化によって、人間の行動が規制される。

例　**現代においては、ネット間共同体的相互行為が日常化している。**

こうして直すとOK！

現代においては、インターネットを利用することによって、国家など既成の共同体の枠組みを超えて個人が互いに交流しようとする行為が、日常化している。

書き手にとっては、わかっていることでも、その文章を初めて見る読み手には、わからないことだらけです。あくまで読み手の立場になって、難しいことを、わかりやすい言葉で伝えるべきです。

POINT

読み手が理解できなければ、難しい表現を使っても無意味

DAY.06
85
表現

構成の順序を変えてインパクトを与える

1 時には、変化をつけてみる

論理的な展開には、定型があります。

本文の内容を要約し、譲歩した後で意見を述べる。理由と具体例を加え、最後に、意見を結論として述べるというのは、その典型です。

たとえば、グローバル化で日本的な生活が失われたという文章を読んで意見を述べる場合、次のようになります。

一般的な論理展開の例

本文によれば、グローバル化で日本的な生活が失われたという。（要約）
たしかに、生活から季節感が失われているかもしれない。（譲歩）
しかし、日本的な感受性は失われていない。（意見）
なぜなら、感受性の豊かさを証明する雨の異名が多いからである。（理由）
たとえば、時雨という言葉がある。（例）
したがって、言葉を大切にすることによって、日本的な感受性を豊かに保つことは可能である。（結論）

典型的なパターンですが、マンネリになりやすいデメリットがあります。構成要素が６つあります。言いたいのは結論ですから、最後は結論で終わるとしても、その他の５つは自由に配置しても OK です。たとえば、具体例から文を始めると、インパクトがあります。

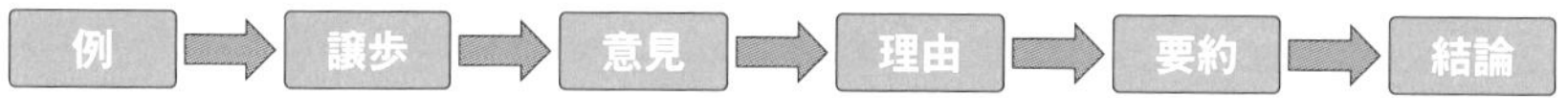

インパクトのある論理展開

晩秋の京都を歩いていたら雨が降ってきた。時雨である。（例）
たしかに、日本人の生活から季節感がなくなりかけている。（譲歩）
しかし、言葉の中に日本人の感受性は残っている。（意見）
時雨だけではない。秋霖（しゅうりん）、卯（う）の花腐（はなくた）し、狐の嫁入りなど、雨を表す異名が多いのは、日本人の自然への感受性が豊かだったからであろう。（理由）
グローバル化で、日本的な生活が失われているという人も多い。（要約）
だが、言葉を大切にすることが、日本的な感受性を豊かに保つことにつながると、最近の私は考えている。（結論）

POINT

結論以外の論理展開を変えても文章は成立する

DAY.06

86

論理

論理的一貫性を重視する

1 一貫性のない場合

論理的一貫性のない文章ほど、わかりにくい文章はありません。

たとえば、私は、Aと考えるが、Bとも言える。しかし、Cという可能性もあるし、Dかもしれない。結局、Eなのである。

このような文章を書く人は、自分では、いろいろな思いをすべて書いたという気になるかもしれませんが、読み手の立場からすると、A、B、C、D、Eの何が言いたいのか、わかりません。

2 1つのことを誠実に伝える

大切なのは、文章の中で言いたいことを1つに絞り、その1つのことを誠実に読み手に伝えようとすることです。

言いたいことを（X）としましょう。その（X）をわかりやすく読み手に伝えるために、具体例（EX）を挙げたり、理由（R）を述べたり、別の考え（Y）と対比したりするのです。

言いたいこと＝X
具体例＝EX（example）
理由＝R（reason）
別の考え＝Y

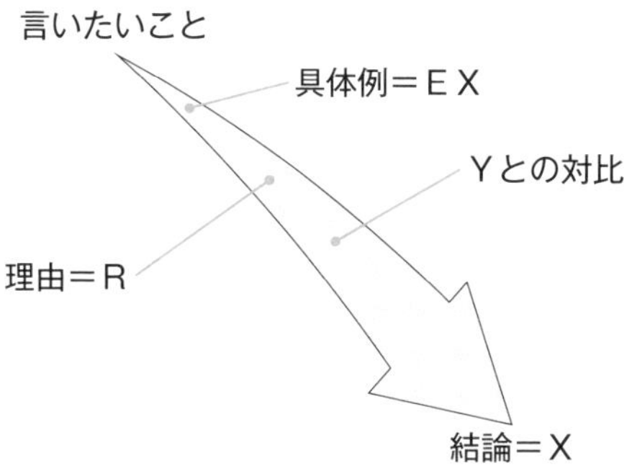

③ 論理矛盾はNG

文章の中に、論理矛盾が存在する場合、他の場所がどれほど上手く書かれていても、ほとんど評価されることはありません。

論理矛盾を避けるためにも、１つのことを誠実に読み手に伝えようとする意識は大切です。文章の途中で意見を述べた場合、結論はその繰り返しになります。また、Ｘの内容を、最終的に言い換えることによって、論理的一貫性を保つことは可能です。

結論は、体操やスキーのジャンプの着地のようなものです。最後を決めることによって、文章全体の評価も決まります。

POINT

言いたいことを1つに絞って、それを主張する

DAY.
07

第7日目

“突っ込まれない文章”にする7つのポイント

DAY.07

87

推敲

パソコン上の文章をプリントアウトして推敲する

① 第三者の視点を持つ

現代はパソコンで文章を書く場合が多いと思います。画面上ならば、削除や挿入も簡単にできるので、推敲も、パソコンの画面上ですると考えている人が多いかもしれません。

しかし、推敲をするときは、原稿を紙にプリントアウトすべきです。プリントアウトすることによって、自分の書いた原稿を第三者の視点から眺めることができます。

書き手の意識から読み手の意識へと、自分の意識を変えるのです。

● パソコン画面の作業⇒書き手の意識のまま
↓視点の移動
● 紙の原稿を読む作業⇒読み手の意識を持つことができる

不思議なことですが、自分の文章は完璧だと思っている人でも、紙にプリントアウトされた文章を眺めていると、パソコンの画面上では見つからなかった間違いや欠点を見つけることができます。

欠点や間違いを見つけたら、マーカーでチェックし、パソコン画面上で手直しをする。そして、再びプリントアウトし推敲する。

この手順の繰り返しが、文章の完成度を上げるためには必要です。

② 音読も有効な方法

最近は、文章を音読する人が減りました。しかし、文章を推敲するときに声を出して読むのは、有効な方法です。

声を出して読むことによって、文章のリズムの良し悪しがわかります。読んでいて、うまく読めないところがあれば、そこが直すべき場所です。

自宅ならば、声を出して読むことができても、周囲に人がいる場合は、声を出せないこともあるでしょう。その場合は、声を出して読むつもりで黙読しましょう。

推敲の流れ

1. パソコンで書いた文章をプリントアウトする。
2. できれば、声を出して文章を読んでみる。
（声を出せない場合、声を出すつもりで黙読する）
3. 文章の欠点や間違いをマーカーでチェックする。
4. パソコン画面上で修正する。
5. 再びプリントアウトする。
6. 同じ作業を繰り返す。

プリントアウトするのも、声を出して読むのも、自分の文章を第三者的な視点から客観視するための有効な方法です。

POINT

印刷した原稿を、声を出しながら読んで、文章を推敲する

DAY.07

88

推敲

推敲は時間をおいてから

1 書いた直後は冷静になれない

文章を書いた直後は、冷静になろうと思っても、なかなかなれないものです。自分の文章を客観視するためには、時間をおく必要があります。

できれば、夜書いた文章は次の日の午前中に読むくらい、時間をおくのが理想です。現実的には、すぐに文章を提出しなければならない場合もあると思いますが、そのようなときでも書き終わったら一呼吸おいて、自分の文章をあたかも他人の文章を読むように読む必要があります。

● 書いた直後⇒書き手の意識のまま

↓時間の経過

● 次の日の朝⇒読み手の意識を持つことができる

2 書き手から読み手へと意識を変える

時間を置くことによって、自分の意識を、書き手の意識から読み手の意識に変化させるのです。

プリントアウトすることにも、一呼吸おいて文章を推敲するという意味があります。

気分転換も効果的です。外の風景を眺めたり、コーヒーをいれたりすることによって、新鮮な気持ちになってから文章を読み直してみましょう。

③ 自分の推敲に限界を感じた場合

第三者の視点を持つことは、実際には、簡単なことではありません。自分で自分の文章を読んでも、どこに欠点や間違いがあるのか、わからない場合もあると思います。

そのようなときは、周囲の人々に協力を要請しましょう。家族や友人に文章を読んでもらうのです。

年配の信頼のおける人に読んでもらうのも、同じ世代の友人の意見を聞くのも、年下の知人の感想を知るのも、良い経験になるはずです。

自分では、わかりやすいと思っていても、他の人からすれば、わかりにくい場合もあります。家族や友人に、わかりにくいと指摘されたら、その指摘にしたがって文章を直すべきです。

推敲の流れ

1. 文章を書いた後に、一呼吸おく。
2. 他人の文章を読むつもりで読む。
3. 欠点や間違いが見つかれば、修正する。
4. 欠点や間違いが見つからない場合、周囲の人々に読んでもらう。
5. 欠点や間違いを指摘されたら、素直にしたがう。

POINT

一呼吸おくことで、客観的に文章をチェックできる

DAY.07

89

推敲

表現が正しいか推敲する

1 日本語として正しい文章にする

伝えたいことが読み手にわかりやすく伝わっているか、正しい日本語で書かれているか、次のポイントで推敲する必要があります。

表現に関するチェックポイント

1 文字は、丁寧に書かれているか。(手書きの場合)
2 主語と述語は対応しているか。
3 「です・ます」と「である・だ」は混ざっていないか。
4 句読点の打ち方は適切か。
5 漢字の誤字・脱字はないか。
6 話し言葉を使っていないか。
7 助詞の使い方は適切か。
8 指示語が何を指しているかわかりやすいか。
9 接続語の前後関係は正しいか。
10 副詞の対応関係は正しいか。
11 一文は長すぎないか。
12 リズムは悪くなっていないか。
13 文末は単調になっていないか。
14 わかりにくい表現はないか。
15 重複表現をしていないか。

手書きの文章の場合、乱雑な字、薄い字、小さい字の印象は悪くなります。上手い字でなくてもかまいません。濃く大きな字を丁寧に書くことによって、読み手は好印象を持ちます。

日本語として不自然な文章の場合、読み手は内容を理解する以前に、文章を読む作業に疲れてしまい、読む気をなくしてしまいます。

自分で読んでわかりにくいと思う文章を他人が読んだ場合、わかりやすいと思うことは、まずありません。他人はまったくわからないと感じるはずです。

ポイントをすべてチェックするのは大変なので、実際に表現のミスを見つけるためには、次の手順にしたがってください。

表現の推敲の手順

1. 他人の文章を読むつもりで自分の文章を読む。
2. 日本語として不自然に感じる部分をマーカーでチェックする。
3. 少しでも、わかりにくい部分があればマーカーでチェックする。
4. チェックした場所に、前ページ①～⑮に当てはまるミスがないか確かめる。
5. ミスの原因がわかったら、修正する。

読み手の信頼を得るためにも、正しい日本語で文章を書きましょう。

POINT

自分が読んでわかりにくい場合、読み手もわかりにくい

DAY.07

90

推敲

論理が正しいか推敲する

❶ 論理的に正しい文章にする

論理は、読み手を説得するための道具です。論理的な文章を書く場合、部分的にも全体的にも論理的な流れが正しいか、次のポイントを推敲する必要があります。

論理に関するチェックポイント

❶ 段落ごとの記述内容はまとまっているか。
❷ 一段落が短くなりすぎ、あるいは、長くなりすぎていないか。
❷ 対比は成立しているか。
❹ 譲歩は適切になされているか。
❺ 論点は明確になっているか。
❻ 言い換え表現は成立しているか。
❼ 因果関係は成立しているか。
❽ 具体例と抽象的な部分は対応しているか。
❾ 対等関係は成立しているか。
❿ 自分の意見を絶対化していないか。
⓫ 反論を想定しているか。
⓬ 批判のための批判になっていないか。
⓭ 途中に論理矛盾はないか。
⓮ 論理の飛躍はないか。
⓯ 全体として論理的一貫性があるか。

論理性が求められる文章の場合、読み手の評価も厳しくなります。

文章全体に論理的一貫性がない場合は、もちろんですが、部分的にでも因果関係、抽象・具体の関係、対等関係、言い換え関係などが成立していない場合、読み手は困惑してしまいます。

前述のように自分で読んで論理的にわかりにくいと思う文章を他人が読んだ場合、それを理解してくれることは、まずありません。

論理とは、実はシンプルな決まりです。論理的に文章を書けば、その文章は、シンプルでわかりやすい文章になるはずです。

ポイントをすべてチェックするのは大変なので、実際に論理のミスを見つけるためには、次の手順にしたがってください。

論理の推敲の手順

1. 他人の文章を読むつもりで自分の文章を読む。
2. 論理的に無理があると考えられる部分をマーカーでチェックする。
3. 少しでも、わかりにくい部分があればマーカーでチェックする。
4. チェックした場所に、左ページ①〜⑮に当てはまるミスがないか確かめる。
5. ミスの原因がわかったら、修正する。

POINT

論理的な文章は、シンプルでわかりやすい

DAY.07

91

推敲

発想自体を推敲する

1 発想自体を点検する

文章を書いていて「このまま、このことを書いていて良いのだろうか」と思ったことはありませんか。そのようなときは、発想自体を問い直すことも時に必要です。

発想に関するチェックポイント

1. テーマを正しく捉えているか。
2. 些末なことにこだわっていないか。
3. 自己満足になっていないか。
4. 感情論になっていないか。
5. 推測で述べていないか。
6. 稚拙なことを述べていないか。
7. ステレオタイプな内容を述べていないか。
8. 他人の考えの受け売りになっていないか。
9. 結論が一般論になっていないか。
10. 疑問で終わっていないか。
11. 言葉だけになっていないか。
12. 人それぞれという相対主義に陥っていないか。
13. 傍観者になっていないか。
14. 問題が発見できているか。
15. 問題解決のための方策が述べられているか。

発想自体を問い直すのが、もっとも根源的な推敲です。

文を書いている途中、あるいは書き終わってから内容を変更するのは、勇気がいることです。しかし、テーマからずれていること、些末なこと、自己満足、感情論、推測、稚拙なこと、ステレオタイプな内容、他人の考えの受け売り、一般論などをいくら述べたところで、あまり意味はありません。

自分が読んでつまらないと思う文章を、興味を持って読んでくれる読者はいません。

ポイントをすべてチェックするのは大変なので、実際に発想の問題点を見つけるためには、次の手順にしたがってください。

発想の推敲の手順

1. 他人の文章を読むつもりで自分の文章を読む。
2. つまらないと思うところをマーカーでチェックする。
3. 主張として弱いと思うところをマーカーでチェックする。
4. チェックした場所に、左ページの①〜⑮に当てはまるミスがないか確かめる。
5. ミスの原因がわかったら、修正する。

発想を点検することによって、発想力は鍛えられます。

POINT

内容を変更する勇気も必要

DAY.07

92

推敲

徹底的に削る

1 迷ったときは削る

推敲作業において、大切なのは、余計な部分を削ることです。最初に書いたときには必要と思っていても、後から読み返したら不要な表現は、必ずあります。すっきりとした、わかりやすい文を目指し、削れる部分は思い切って削りましょう。

削れる部分

1. 余分な修飾語
2. 繰り返されている言葉
3. 重複表現
4. 「的」
5. 「?」や「!」などの記号
6. 「という」
7. 「すること」
8. 翻訳調の表現
9. 接続語
10. 余計な前置き

書き終わってから、大胆に文章を削るためには、思い切りが必要です。せっかく苦労して書いた文章を削るのは、もったいないという考え方もあるでしょう。

しかし、文章を読み返していて「ここはいらないな」と思ったり「ここはしつこいな」と思ったりするところは、きっとあるはずです。

読み手は、その部分を、書き手以上に「くどい」と思います。

ここは、削ろうか残そうか迷うところも出てくると思いますが、迷ったときは削った方が良くなることが多いものです。

ポイントをすべてチェックするのは大変なので、実際に削る部分を見つけるためには、次の手順にしたがってください。

文章を削る手順

❶ 他人の文章を読むつもりで自分の文章を読む。

❷ しつこいと思うところをマーカーでチェックする。

❸ 削るか残すか迷うところもマーカーでチェックする。

❹ チェックした場所に、左ページの①〜⑩に当てはまる表現がないか確かめる。

❺ 思い切って削る。

削った後に残った部分が、書き手から読み手へと伝えたいことの核心になるはずです。

DAY.07

POINT

削るか残すか迷ったら、削るとうまくいく

DAY.07
93
上達法

自分の文体を確立する

1 文体＝スタイル

文体とは、文章の中の言葉の選び方、語法、修辞などに特徴的に表れる書き手の特色のことです。文体は、書き手の個性を表します。

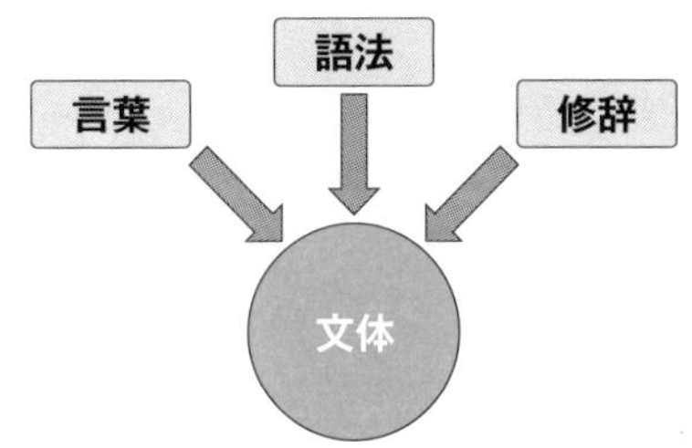

人の個性は、読書、音楽、服装、食べ物、インテリアの趣味などに表れます。つまり、生き方のスタイルは、その人の個性を表します。文章も同じです。どのような言葉を選んでいるのか、どのように言葉を組み合わせているのか、そして言葉にどのような工夫をこらしているのか。文章のスタイル、すなわち、文体によって書き手の個性が表現されるのです。

2 模倣から独創へ

文体を確立することは、やさしいことではありません。まずは、伝わる文章を書くことが先決です。

しかし、余裕が出てきたら、自分の文体の確立を目標としても良いでしょう。その場合、自分が好きな文章を徹底的に読み込んでみるのも１つの方法です。

自分が、ある作家の文章が好きだとしたら、その作家の文体が好きだということに他なりません。好きな作家の文章を読むとき、その作家の文章のリズムと自分のリズムがシンクロしているとも言えます。

最初は、模倣になるかもしれません。しかし、様々な文章を読み、自分なりに文章を書く経験を積み重ねることによって、いつしか自分の文章に自分の個性がにじみ出てくるものです。

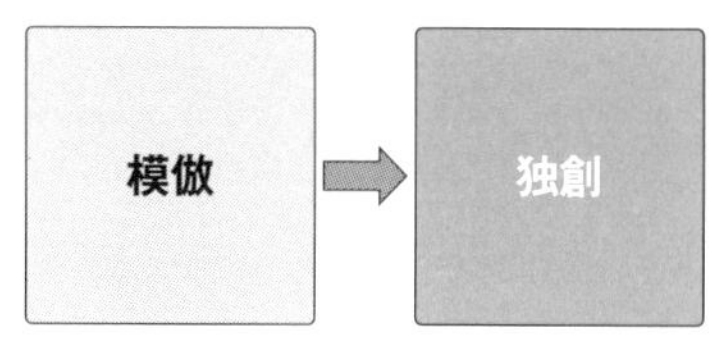

人の心を直接見ることはできません。しかし、人の言葉、あるいは、言葉の集積としての文章には、その人の心が表れます。たとえば、わかりやすく読み手に伝わるような文章を書こうとする人は、誠実な人です。

「文は人なり」です。人格、個性、生き方のスタイルは、文章に表れます。そして、自分の文体の確立を目指して努力するのも、文章を上達させる有効な方法です。

POINT

自分が好きな文章を徹底的に読み込んでみる

高橋廣敏（たかはし・ひろとし）

早稲田大学卒。代々木ゼミナールにおいて、通常のライブ授業に加え、通信衛星を使用したサテラインの現代文・小論文講座を担当。現在は、学校法人「N高等学校」大学受験部門「N予備校」の現代文・小論文の講師を務める。
論理構造を見抜き、文章の本質を把握した上で解答に至るプロセスを丁寧に説明する本格的な講義は、全国の受験生に支持されている。著書に、『伝わる文章の書き方』（総合法令出版）、『「受かる！　小論文」が面白いほど書ける本』（中経出版）、『イメトレ　まる覚え現代文重要キーワード333』（中経出版）、「人文・教育系小論文」（KADOKAWA）、「社会科学系小論文」（KADOKAWA）、「理工系小論文」（KADOKAWA）などがある。

初心者からプロまで一生使える
伝わる文章の基本

2020年5月18日　初版発行
2023年3月28日　7刷発行

著　者　高橋廣敏
発行者　野村直克
発行所　総合法令出版株式会社
〒103-0001 東京都中央区日本橋小伝馬町15-18
EDGE小伝馬町ビル9階
電話　03-5623-5121
印刷・製本　中央精版印刷株式会社

落丁・乱丁本はお取替えいたします。

ISBN 978-4-86280-745-8
総合法令出版ホームページ　http://www.horei.com/